KB089542

저쪽이 싫어서

투표하는

민주주의

저쪽이 싫어서 투표하는 민주주의

반대를 앞세워 손익을 셈하는 한국 정치

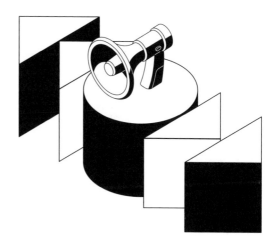

김민하 지음

이데아

세상은 왜 바뀌지 않는가?

세상이 바뀌지 않는다고들 이야기한다. 하지만 현실 정치를 관찰하다 보면 변화는 늘 일어나고 있는 듯 보인다. 예를 들어 우리는 2017년에 대통령을 탄핵했다. 어떤 사람들은 '촛불혁명'이라고까지 했다. 그만큼 큰 변화를 우리 자신의 손으로 만들었다는 것인데, 그때와 달리 지금은 정말 그런 일이 있었나 싶다. '궤멸'이라는 말까지 들었던 보수 정치는 전열을 정비하고, '피플파워'를 자처한 정권은 어느새 과거의 통치 집단과 다를 바 없다는 비판을 받고 있다.

세력의 흥망성쇠를 떠나서 생각하더라도, 우리가 세상이 변했다고 체감할 근거는 별로 없다. 이미 배가 부른 사람들이 자기 배를 더 불리고, 애초에 죽기로 정해진 사람들은 그대로 죽는 것 외에는 방도가 없는 세상의 질서는 그대로 유지되고 있다. 물론 대기업의 실질적 총수가 잠시 감옥에 다녀왔다거나, 최저임금을 윗돌 빼서 아랫돌 괴는 식으로 한 번 올려봤다거나, 노후 핵발전소를 폐쇄했다거나 하는 일들은 있었다. 그럼에도 우리가 만족하지 못하는 것은 이런 일들이 우리 공동체를 어떤 바람직한 변화의 방향으로 나아가게 하는지 확신할 수 없기 때문이다.

지금 우리가 겪는 고난은 거대한 변화로 가는 첫걸음일까? 아니면, 변화의 담지자로서 이미지를 지키기 위한 권력의 생색내기에 우리가 휘둘리고 있는 것일까? 실질적 변화를 위해 우리에게 필요한 것은 단지 시간일까, 집권 세력의 교체일까? 누군가 말한 것처럼 '민주 정부 20년 집권'이 실현되어야 세상이 바뀌는 것일까? 그렇다고 한다면, 우리가 지금 확신하지 못하는 것은 단지 성급하거나 정치적으로 편향되어 있기 때문인가?

답하기 쉽지 않은 질문이지만, 답하기 위한 노력 역시 현실 정치의 중요한 임무다. 현실 정치의 정답은 두 가지다. 첫째는 앞서 언급한 것처럼 '첫 술에 배부를 수 없다'는 것이다. 따라서 첫 술이 열 술이 될 때까지 참고 기다려야 한다. 집권 세력의 일원이거나 이들을 지지하는 쪽에서 흔히 건네는 논리다.

둘째는 권력자들이 개인적 욕심을 채우기 위해 공적 임무를 일부러 방기하고 있다는 것이다. 이른바 '민나 도로보데스みんな泥棒です(모두 도둑놈이다)'의 논리인데, 보통 권력을 갖지 못한 쪽이 가진 쪽을 비판할 때 쉽게 꺼내 든다. 여기서 전제는 권력을 잡고

있는 것은 '도둑놈'일지 모르지만 그것을 지적하는 '나'는 '도둑놈'이 아니라는 것이다.

최근에는 이런 논리들의 자기기만 버전도 등장했다. 이를테면 정권과 여당이 스스로 비주류로 칭하는 경우다. '우리'는 비록 집권했지만, 세상을 장악하고 있는 '기득권 도둑들'과 계속해서 싸우는 중이어서 여전히 비주류에서 벗어나지 못하고 있다는 것이다. 이 주장에 따르면, 세상의 실질적 변화에는 시간뿐 아니라 적극적인 '묻지마' 지지 또한 필요하다.

자기기만의 또 다른 사례는 문재인 대통령이 자칭한 바인 '피플 파워'가 집권한 이후 세상은 실제로 나날이 달라지고 있으나 우리 자신이 그것을 느끼지 못한다고 주장하는 것이다. 왜 우리는 변화를 체감하지 못할까? 특별히 둔감하기 때문일까? 아니다! 그것은 '기득권 도둑들'이 수사기관과 언론을 장악해 우리의 눈과 귀를 가리고 있기 때문이다. 결국 권력과 변화에 대한 우리의 태도는 권력의 선의를 믿거나 사익 추구를 의심하거나 하는 양자택일로 귀결되고 있는 셈이다.

이런 관점은 마치 정치를 만능 스위치가 존재하는 방에 들어가기 위해 각 세력이 경쟁하는 것처럼 여겨지게 한다. 누르기만 하면 모든 문제를 해결할 수 있는 스위치가 있다고 해보자. 이 스위치는 밖에서 안이 들여다보이지 않는 방 안에 있는데, 통치자란 이 방 안에서 스위치를 누를지 여부를 결정할 수 있는 사람이다. 처음에는 모두가 기대를 안고 방을 바라본다. 그러나 아무리 기다려도 스위치 작동의 기미는 없고, 이내 방 밖의 사람들은 웅성대기 시작한다. 저 통치자에게 스위치를 누를 의지가 애초에 없었던 것이 아닌가? 스위치를 누르는 것이 아니라 방 안에서 안락한 생활을 하는 것이 애초부터 목표였던 것은 아닌가? 좀 더 기다려보자는 사람이 없는 건 아니지만, 방 안의 통치자를 의심하는 사람이 늘어가는 것은 막을 수 없다.

이윽고 어느 세력을 이끄는 지도자가 "내가 저 방 안에 들어가 통치자를 몰아내고 스위치를 누르겠다"라고 지지를 호소하기 시작하면 본격적인 정치투쟁이 시작된다. 하지만 지난한 과정 끝에 이 지도자가 통치자를 몰아내고 문제의 방 안에 들어가는 데 성공하더라도 상황은 변하지 않는다. 사람들은 다시 똑같은 의심을 하기 시작한다.

실제로 방 안에서 일어난 일은 무엇일까? 진실은 놀랍게도 만능 스위치 따위는 없다는 것이다. 우리는 방 안에 들어가고 나서야 이 사실을 알 수 있다. 이 당혹스러운 현실을 어떻게 받아들이냐에 따라 지도자의 성향이 갈린다. 이제 와서 방 밖의 사람들에게 이 안에 만능 스위치 따위는 없다고 말해봐야 믿어줄 리 없으니, 남는 선택지는 제한적이다. 스위치 누르기를 포기하고 방 안에서 안주하다 밀려나거나, 아무 버튼이나 눌러보면서 뭔가 좋은 일이 일어나기를 기대해 보거나. 방 안의 괴물이 스위치를 지키고 있어 열심히 싸우고 있다는 핑계를 대는 지도자도 있고, 지금 한창 스위치를 누르는 중이라며 미봉적 변명을 시도하는 지도자도 있다. 하지만 무엇을 선택하든 우리가 권력과 통치가 희화화되는 사태에 구조적으로 직면할 수밖에 없다는 사실은 변하지 않는다.

이 구조에서 벗어나려는 노력은 상대 세력 지도자의 의지를 끊임없이 의심하는 것으로 점철된다. 현실 정치는 실제로 현실의 어떤 문제를 고칠 것인지를 논하는 것보다는 상대를 반대하기 위한 이유를 만들어내는 것에 집중된다. 민주주의는 주권자들의 총의를 모아 세상을 더 나은 곳으로 만들기 위한 논의의 장을 여는 역할을 하기보다는 '반대'를 통해 '우리 편'을 조직하는 효과적 방식을 찾는 도구로 전락한다. 이것이 온갖 정치적 사건들에도 불구하고 우리 눈앞의 현실이 변하지 않는 이유다.

이런 악순환에서 벗어나려면 무엇을 해야 할까? 방에 들어가는 것을 추구하기보다는 방에 들어가기 위해 노력한 과정 자체를 돌아보아야 한다. 이를 통해 만능 스위치 따위는 없다는 진실을 받아들이고 방을 부숴야 한다. 만능 스위치를 통해 바꾸려고 했던 현실에 우리가 직접 개입해야 한다. 민주주의란 도구는 여기에 써야 한다.

해야 할 일을 우리가 하지 못하는 것은 어떤 특수성보다는 보편성에 원인이 있다. 무언가에 대한 반대를 조직하는 것이 정치

문법의 전부가 된 것은 어떤 정상으로부터의 이탈에서 촉발된 것이 아니라는 뜻이다. 우리는 처음부터 그렇게 정해진 세계에 살고 있다. 세계 각국의 정치 역사가 그것을 증명한다. 그래서 우리가 눈앞의 문제를 해결하고 싶다면 세상을 바꾸는 일을 함께 고민해야 한다. 이를 위해서는 우리가 지금 무엇을 하고 있는지, 우리가 딛고 있는 정치 현실은 무엇인지부터 직시해 보아야 한다. 이 글은 이 시작점에 있는 참고 자료다.

차례

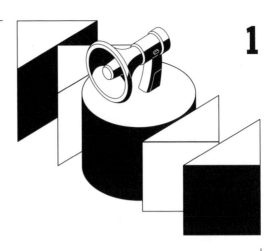

1

진보 또는 보수

'백서' vs '흑서'

진보와 보수는 정치적 지향 혹은 대립 구도를 설명할 때 흔히 쓰는 개념이다. 예를 들면 이명박—박근혜 정권은 '보수'고 그 뒤를 이어 등장한 문재인 정권은 '진보'라는 것이다. 박근혜 정권에서 문재인 정권으로 넘어가는 과정에 결정적 역할을 한 것은 촛불시위다. 이런 해석에 따른다면 촛불시위는 정권이 보수에서 진보로 넘어가는 연결고리였다고 말할 수 있다. 그렇다면 촛불시위는 우리 사회의 진보적 성격을 강화하는 촉매가 되었다고 해야 할 것이다. 그런데 이른바 '진보 정권'이 들어선 후 우리가 보는 풍경은 과연 그랬던 것인지 고개를 갸우뚱하게 만든다.

그럼에도 '진보 정권'을 변함없이 지지하는 사람들이 있다. 우리 사회의 충분한 변화를 위해서는 시간이 더 필요하다고 믿기 때문일 것이다. 반면 '진보 정권'을 지지할 수 없게 되었다고 하는 사람들도 있다. 어느 정권이든 시간이 지나면 지지는 유실되기 마련이고, 어찌 보면 이는 자연스러운 현상이다. 이렇게 등을 돌리는 사람 중에는 '진보 정권'이 기대만큼 진보적이지 않다고 평가하는 경우도 있겠지만, '다 똑같다'는 식의 배신감을 느낀 경우도 많을 것이다. 전자의 경우처럼 정치적 지향이 명확한 경우라면 '진보 정권'보다 더 진보적인 정치 세력을 지지하는 게 대안이 될 것이다.

하지만 꼭 그런 것이 아닌 사람들, 그러니까 정권이 바뀌면 그저 상식적인 정치가 가능하리라 믿었던 사람들이라면 어떨까? 보수 정치를 지지하기로 마음을 먹거나, 특별한 이념적 지향을 갖고 있지 않을 것 같은 '제3세력' 또는 그런 가능성을 지닌 인물 세력으로 눈길을 돌리거나, 아예 정치를 멀리하는 선택지 가운데 하나를 고를 것이다. 그렇다면 이들의 정치적 지향은 무엇일까? 진보 성향이었던 사람이 보수로 변화한 것이라고 말할 수 있는 걸까?

2019년 '조국 사태'는 이런 의문이 가장 격렬한 형태로 제기된 사건이다. 진보적 가치와 이를 따르는 삶을 말하던 사람이 자녀 입시와 사모펀드를 활용한 재산 증식 과정에서 합법과 불법의 경계를 넘나드는 일에 직간접적으로 휘말렸다는 것을 대중은 쉽게 받아들이기 어려웠다. 조국 전 법무부 장관을 둘러싼 사건은 이 글을 쓰는 시점에도 법적으로 마무리되지 않았다. 하지만 유무죄 판결과 관계없이 이 사건은 '진보'를 자처하는 세력이 주도하는 정치에 거대한 상처를 남겼다. 그래서 이 문제는 법적 결론과는 별개로 사회적 논의의 대상으로 남겨질 수밖에 없다.

개혁을 위해 '적폐' 기득권과 싸운다던 세력은 이 사건을 통해 앞에서는 '진보'를 외치면서 뒤로는 자기 배를 채우는 위선자란 비난을 받게 되었다. 2019년에 조국 전 장관이 법무부 장관으로 지명되면서 불거진 이 문제는 2020년 정의기억연대와 윤미향 의원을 둘러싼 논란과 엮이면서 진보의 타락을 증명하는 사건처럼 계속해서 소비되는 중이다. 이제 '진보'는 대의를 실현하기 위해 노력하며 그 과정에서 시행착오를 겪는 선량한 인물들이 아니라, 겉으로는 운동입네 하지만 실제로는 피해자를 내세워 후원금을 긁어모으고 이를 부동산, 주식 및 펀드에 투자하며 사익을 추구하는 사기꾼으로 전락한 느낌마저 든다.

흥미로운 점은 이런 비판을 제기하는 이들 중에는 과거 '진짜 진보'를 자처한 이력을 갖고 있는 사람들도 포함되어 있다는 것이다. 여기서 '진짜 진보'란 이른바 민주 세력을 사회를 변화시킬 의지가 없는 정치 세력으로 평가하며 대안으로 민주노동당 등 진보 정당 지지를 주도했던 사람들을 말한다. 이들 중 '사회적 스피커'를 자처하는 몇몇은 모여서 방담한 기록으로 아예 책을 내기도 했다. 세상 사람들은 이 책을 뒤에 얘기할 '조국 백서'와 상반된 성격을 갖고 있다는 점에서 '조국 흑서'라고 부르고 있다.

이들의 주장에 따르면 조국 전 장관으로 대표되는 민주 세력은 과거 학생운동 경력을 발판으로 출세를 추구해 왔으며, 이를 이용해 축적한 부를 자식들에게 물려주는 등 기득권 유지를 위해 정치권력을 이용하고 있다. 자칭 민주 세력이 내세우는 민주주의나 검찰개혁은 이들의 기득권적 행태를 정당화하기 위한 구호이거나 펀드 사기 등 불법 행위를 덮기 위한 수단일 뿐이다. 이 세계관에서 검찰은 살아있는 권력을 수사하기 위해 최선을 다하다가 바로 그 권력에 복수를 당한 피해자이기도 하다.

반면 조국 전 장관에 대한 검찰 수사가 잘못되었다고 생각하는 사람들이 모여서 쓴 '조국 백서'는 상황을 달리 본다. '조국 사태'의 본질은 검찰이 개혁에 저항하기 위해 검찰개혁의 상징적 인물을 겨냥해 기획 수사를 시작한 데 있다는 것이다. 조국 전 장관 가족이 거액의 돈을 펀드에 투자한 것은 오해이며, 대중적 거부감을 유발할 수는 있으나 죄라고 할 수는 없는 일이다. 자녀 입시와 관련된 의혹 역시 근거가 없고, 다만 '스펙 품앗이' 등은 초엘리트 계층에 일반화된 편법적 문화의 문제일 수는 있어도 이 책임을 조국 전 장관 한 사람에게만 묻는 것은 부당하다는 것이다. 이런 맥락에서 조국 전 장관은 부당한 검찰 수사와 언론 보도에 난도질 당한 피해자다.

여기서 볼 수 있듯이, 흑서와 백서는 같은 현상을 놓고 상반된 서사화를 추구하고 있다. 그러다 보니 민주 세력을 지지하는 사람들은 '조국 백서'의 내용에 완전히 동의하지는 않더라도 이들의 주장에 심정적으로 동조하는 흐름을 보였다. 이런 현상은 반대쪽에서도 마찬가지로 나타나는데, 대표적인 것이 '조국 흑서'에 대한 보수 세력의 태도이다.

보수 세력은 과거 이른바 진보 진영의 대표적 스피커였던 진중권 전 동양대 교수가 민주 세력에 대한 비판적 목소리를 높이는 것에 반가움을 표하면서도 동시에 경계하는 듯한 태도를 취하며 갈팡질팡하는 모습을 보였다. 이런 경향은 보수 언론의 행태에서도 드러나는데, 진중권 전 교수가 소셜미디어에 올리는 글을 연일 중계하듯 기사화하면서도 지면의 칼럼 등에서는 보수 정치가 특정 진보 인사에게 주도권을 빼앗기게 된 것에 대한 한탄을 늘 어놓기도 했다.

보수 세력의 입장에서 '조국 흑서'의 존재는 정권 비판의 당위와 논리를 더욱 단단하게 만들어준다는 점에서 분명 득이지만, 보수 정치가 스스로 그러한 일을 주도할 수는 없다는 현실을 증명한다는 점에서 마냥 기뻐할 수만은 없었던 것이다. 즉, 성과가 온전히 자기 것이 되지 않을 수 있다는 걸 알면서도 보수 세력은 '조국 흑서'에 끌려갈 수밖에 없었다.

이것은 '진짜 진보'를 자처한 '조국 흑서' 저자들의 입장에서도 별반 다르지 않았다. 진중권 전 교수는 일부 보수정당이 만든 자리에 강연자로 나섰고, 안철수 전 의원이 만든 유튜브 방송에 초대되어 문재인 정권을 비판하기도 했다. 진중권 전 교수로서도 정치적 성향이 맞지 않는 인사들과 함께하는 것이 만족스럽지는 않았을 것이다. 그럼에도 지식인으로서 정권을 비판하는 일을 게을리하면 안 된다는 나름의 정치윤리가 진중권 전 교수와 보수 정치의 가교가 되었을 것으로 추정한다. 그런 면에서 '조국 흑서' 저자들 역시 전적인 확신이 없는 상태로 보수 정치와 일정 부분 가까워지는 일을 피할 수는 없었다.

어떤 사람들은 이것을 '배신'으로 보는 모양이다. 과거에 '진짜 진보'를 자처하던 사람이 이제는 보수 정치의 편에서 도움을 주고 있다는 것이다. 이것이 배신이라면 거기에는 이유가 있어야 한다. 이들의 배신은 무엇을 노린 것일까? 돈일까, 명예일까? 여기서 가장 그럴듯한 설명의 소재가 되는 것은 '관심'이다. 대중의 관심도 경제적 요소로 취급되는 사회가 한국이다. 진중권 전 교수 등이 사회적 소음을 발생시키는 것으로 관심을 모으고 그것으로 사익을 추구하고 있다는 것이 '배신자론'의 근간이다.

세상만사 100%인 것은 없기에, '조국 흑서'를 만든 사람들의 속마음에 그런 의도가 전혀 없었다고 말하기는 어려울 것이다. 하지만 마찬가지로 오직 그것만이 유일한 행동의 동기라고 할 수도 없다. 그렇다고 권력을 비판해야 한다는 지식인으로서의 윤리와 '관심'을 통한 사익 추구 의도의 비율, 우선순위를 따질 일도 아니다. 이 문제가 당사자에게는 중요할지 모르나 우리 공동체의 앞날을 위해 논할 문제는 따로 있다.

그것은 객관적 시각으로 현상을 분석하는 '외부'의 입장에서 이런 현상이 '조국 흑서' 저자들에게서만 나타나는 특수한 성질의 것인지, 아니면 정치·사회적으로 보편적인 현상인지를 따져보는 것이다. 진중권 전 교수가 진정한 지식인인지 배신자인지를 논하는 것보다 '조국 흑서'라는 현상이 특수한 것인가, 보편적인 것인가라는 질문의 답을 찾는 것이 훨씬 사회적으로 가치 있지 않을까?

백서와 흑서는 무엇을 반대하고 있나?

이 질문에 답하는 것은 의외로 간단하다. 조국 전 장관이 겪은 일을 이전 정권의 책임자들이 똑같이 겪었다면 '서초동 촛불'이나 '조국 백서' 편찬 같은 일들이 일어났을까? 아닐 것이다. 왜일까?

예컨대 국정농단의 장본인인 최순실(개명 후 최서원) 씨의 외마디 외침을 기억해 보자. 박영수 특검의 소환에 응하지 않던 최순실 씨가 2017년 1월 대치동 특검 사무실에 불려 나와 법무부 호송차에서 내리면서 "여기는 더이상 민주주의의 특검이 아닙니다"라고 고함을 지른 일은 "염병하네, 염병하네, 염병하네"라는, 당시 현장에 있던 청소노동자의 반발과 함께 어떤 해프닝처럼 되었다.

그런데 당시 특검팀에 (이후 검찰총장으로 임명되는) 윤석열 검사를 비롯해 전형적인 '특수통'들이 포진해 있었다는 점을 고려해 보면 최순실 씨에 대한 수사는 '안 나오면 나올 때까지 파는', 전형적인 특수부 스타일로 진행되었을 것으로 추측할 수 있다. 실제로 최순실 씨의 외침은 이에 대한 반발이었다. 물론 최순실 씨와 조국 전 장관이 한 일은 차원을 달리하는 것이고, 따라서 이에 대한 접근 방식도 달라야 하지만, 적어도 '억압적인' 검찰 수사 자체에는 어떤 공통분모가 존재한다고 할 수 있다. 그러나 최순실 씨 사례를 근거로 검찰개혁을 논하는 사람이 있다면, 그는 상식 밖의 사람이라고 의심받을 것이다.

왜 최순실 사례에는 침묵하면서 조국 문제에 있어서만 행동에 나서느냐는, 요컨대 '내로남불'이 아니냐는 지적을 하려는 것이 아니다. 오늘날 '내로남불'이라는 지적은 반대편을 향한 만능 논리처럼 제기되곤 하는데, 대개 정치적 사건을 개인화해 본질로부터 분리하는 결과를 낳는다. 하지만 정치적 사건의 논의는 양심이 없는 어떤 사람이 '내로남불'과 같은 규범 위반을 저질렀는지를 규명하기 위한 것이 아니다. 이런 차원에서 우리가 던져야 할 질문의 핵심은 '왜 누구는 되고 누구는 안 되는가'가 아니라, '그것은 어떻게 가능했는가'에 있다.

이제 최순실 씨의 외침은 해프닝이 되고 조국 전 장관이 겪은 고초는 '조국 수호'가 될 수밖에 없는 이유를 따져보자. 이 두 사례를 하나의 기준으로 이해하려면 누가 어떤 것을 반대하는지를 정리하면 된다. 최순실 씨 사건에서 당시 야당과 시민사회, '진짜 진보'와 특검 수사는 모두 국정농단이라는 범죄에 대한 반대라는 정치적 담론으로 조직되었다. 이런 구조에서 최순실 씨의 "민주주의의 특검이 아니다"라는 항변은 그를 반대하고 있는 세력의 시각에서 볼 때는 '반대해야 할 대상'의 방어적 행위에 불과한 것이다.

반면 조국 전 장관의 사례에서 '서초동 촛불시위'의 참가 세력이나 '조국 백서'의 집필진은 '검찰개혁'을 주장했지만, 본질은 검찰에 대한 반대라는 정치적 담론으로 귀결되었다. 청와대 민정수석비서관을 사직한 지 얼마 되지 않은 법무부 장관 후보자 혹은 현직 법무부 장관을 대상으로 수사의 정당성을 강변하는 검찰의 주장은 최순실 씨의 사례와 마찬가지로 '반대해야 할 대상'의 방어 논리로 취급되었다. '조국 수호'라는 구호에는 이 구도가 반영되어 있다. 이런 도식은 '조국 흑서' 저자들에게도 마찬가지로 적용할 수 있다. '조국 흑서'와 보수 정치는 '문재인 정권에 대한 반대'라는 정치적 담론으로 조직되었다. 그렇기 때문에 '검찰개혁'이라는 주장은 어떤 면에서 인정할 만한 점이 있더라도 '반대해야 할 대상'의 핑계일 수밖에 없는 것이다.

그런데 하다못해 우리가 룸메이트와 일상을 공유하면서도 불편함을 느끼듯이, 이질적 개별 세력이 오직 무언가를 반대하기 위해 손을 잡는 것은 쉽지 않다. 따라서 구실이 필요한데, 이 구실이 되는 정치적 담론에 필연적으로 '서사'가 동원된다. 백서와 흑서 모두 조국 전 장관을 개인화해 전형적인 선인 혹은 악인으로 가정하고, 나머지 문제는 이를 기준으로 서사화하고 있다.

이를테면 '조국 백서'의 편에 선 사람들이 보는 조국 전 장관은 앞에서도 묘사한 바와 같이 검찰개혁을 묵묵히 추진하다 검찰로부터 통한의 반격을 당한 피해자다. 이는 조국 전 장관이 생일이 지난 딸을 축하하려는 듯 케이크를 들고 엘리베이터를 기다리는 뒷모습으로 요약된다. 조국 전 장관 일가의 펀드 투자는 상식적으로 판단해 문제가 없으며, 이들이 투자한 펀드의 운용사에서 일어난 여러 위법적 문제들은 조국 전 장관 일가와는 직접적인 관계가 없는 것이다. 그럼에도 검찰은 오직 검찰개혁을 거부하려는 의도만으로 조국 전 장관 일가를 사회적으로 멸문시키기 위한 악랄한 수사를 자행했다. 여기서 밀리면 검찰의 사악한 칼날이 또 어디를 향할지 모른다. 실제로 2009년 노무현 전 대통령은 바로 이런 이유로 스스로 비극적 선택을 해야 했다. 이런 과거를 반복할 수 없는 '촛불시민'은 조국 전 장관과 더 나아가 문재인 정권을 지키기 위해 실질적 행동에 나서야 한다.

이런 인식을 어떻게 보아야 할까? 조국 전 장관의 문제를 대하는 검찰의 수사 방식은 일부 과잉된 면이 있었고, 그 배경에 검찰개혁을 추진하는 정권에 대한 불만이 작용했을 가능성이 없지 않다. 특히 조국 법무부 장관 후보자에 대한 인사청문회가 진행되고 있는 시점에 배우자에 대한 기소를 강행한 것은 공소시효 논란이 있을 수 있다는 점을 고려하더라도 수사 외의 맥락에서 어떤 의도가 있는 것으로 보일 여지가 있었다. 그리고 그것은 검찰 수사의 독립성이라는 측면에서 우려할 수밖에 없는 대목이다.

그러나 우리가 오로지 배를 채우기 위해서만 밥을 먹지는 않듯이, 검찰이 오직 검찰개혁에 저항하기 위한 목적만으로 조국 전 장관 수사를 강행했다고 할 수는 없다. 당시 언론이 조국 전 장관의 펀드 투자와 자녀 입시 문제에 대한 대대적인 의혹 보도를 감행하고 있었다는 사실을 돌이켜 보자. 보도의 진실성이나 언론과 권력의 유착은 별도로 다루더라도, 그 정도의 국민적 의혹이 제기되는 상황인데도 검찰이 여러 정치적 상황을 고려해 수사에 나서지 않는 것이야말로 지금까지 '정치검찰'의 문제로 지적되어 온 것이 아니었던가? 검찰이 정치로부터 독립적이려면 중요한 정치 일정은 판단에서 배제하고 수사 논리 그 자체만을 고려하는 것이 답이다. 따라서 과잉 수사나 인권침해 등의 문제를 지적할 수는 있으나 수사 착수 시기 등 다른 조건을 근거로 검찰의 정치적 의도를 단정하는 것은 성급하다.

이를테면 조국 전 장관이 후보자로 지명되고 나서 검찰이 본격적인 수사를 강행한 것은 대통령의 인사권에 대한 도전이라는, 즉 '시점'이 문제였다는 주장에 대해 생각해 보자. 그렇다면 검찰이 법무부 장관 후보자에 대한 의혹을 수사할 수 있는 시점은 언제인가? 당시의 조국 후보자가 법무부 장관이 된 이후에는 지휘감독권을 가진 인사를 대상으로 하게 된다는 점에서 수사는 이전보다 어려워질 것이다. 그렇다고 법무부 장관을 퇴임한 후 또는 정권이 바뀐 후에야 수사에 착수하는 것은 그간의 범죄 피해를 검찰이 방조하는 꼴이 된다. 검찰로서는 어떤 경우든 비난을 받을 수밖에 없는 처지다. 장관 후보자가 장관에 임명되기 전에 수사에 나서는 것이 사실상 유일하게 사리에 맞는 선택지다.

일부에서는 검찰이 보수 정치에 속한 인물들이나 검찰총장의 가족 및 측근에 대한 수사는 제대로 진행하지 않고 있다며 '선택적 수사', 즉 형평성의 문제를 제기한다. 하지만 이 역시 해당 수사를 원칙대로 강행할 것을 주문하면서 수사가 제대로 되지 않는 이유를 파악하고 개선을 요구하면 될 일이다. 이런 일들은 검찰의 조국 전 장관 수사와는 직접적 관계가 없다.

검찰 수사가 한 가족의 삶을 짓밟았다는 평가도 그 이면을 살펴보아야 한다. 조국 전 장관 일가가 겪은 일 중에는 안타깝다고 할 만한 것들도 분명 있다. 하지만 이 사안을 냉정히 논의하려면 조국이라는 자연인을 판단의 대상에서 일단 지우고 생각해 보아야 한다. 정권 핵심과 가까운 데다 몇 달 전까지 청와대 민정수석을 지냈고 곧 법무부 장관에 임명되는 것이 확실한 인사에 대한 수사는 어떤 방식으로 이루어져야 하는가? 검찰의 눈으로 볼 때 조국 전 장관은 이전 정권의 황교안 전 법무부 장관이나 우병우 전 청와대 민정수석과 같은 존재다. 이런 지위에 있는 사람이라면 검찰 수사를 피해 갈 여러 수단을 갖고 있는 것이 현실이다. 제대로 수사를 하려면 검찰 역시 '잘 드는 칼'을 꺼내 들 수밖에 없다. 조국 전 장관에 대한 검찰 수사를 제대로 평가하려면 이런 불가피성을 먼저 인정해야 한다.

검찰과 언론이 한편이 되어 조국 전 장관 일가를 난도질했다는 비판도 있다. 이런 주장에도 귀를 기울일 만한 대목이 있을지 모른다. 하지만 사건 관련 언론 보도를 전부 '검찰발 보도'로 규정하는 것이 옳은지도 짚어보아야 한다. '검찰발 보도'로 쉽게 규정된 사례 중에는 사건의 다른 관계자나 그 변호인 등이 취재원으로 보이는 것들도 포함되어 있다. '검찰발 보도'라고 할지라도 수사팀에 속해 있지 않은 검찰 구성원 중 누군가가 검찰 출신 보수 야당 의원에게 추정 또는 해석을 포함한 정보를 제공하고, 그것이 마치 '의원실' 공식 보도인 것처럼 된 사례는 또 다른 기준으로 판단할 문제다. '조국 백서'는 당시의 언론 보도 행태를 '언란言亂'으로 규정했는데, 상당 부분은 검찰과의 유착 '의심'이니만큼 이런 사례를 각각 분리해서 평가해야 한다.

그러나 '조국 백서'와 같은 시도가 추구하는 것은 검찰에 대한 반대를 정치적으로 조직하는 데 필요한 '매끄러운 서사'를 구성하는 것이다. 그래서 지금까지 지적한 빈 구멍(?)들은 의도적으로 무시된다. 많은 이들은 이런 현상을 특정 정파의 문제로 규정한다. 문재인 대통령의 극렬 지지자들이 갖고 있는 정파적 특성이라는 것이다. 하지만 이 현상은 반대편에 서 있는 '조국 흑서'에서도 마찬가지로 관찰된다. 물론 권력에 가까운 이들이 직접 개입한 '조국 백서'와 그렇지 않은 사람들이 모여 만든 '조국 흑서'를 동렬에 놓고 비교할 수는 없다. 다만 여기서 말하고자 하는 것은 두 경우 모두 '서사'로 '반대'를 조직하는 보편적 방식에 공통점이 있다는 점이다.

'조국 흑서' 저자들은 문재인 정권에서 문제가 된 몇 가지 금융 스캔들이 정치권과 연결되었을 가능성을 지적했는데, 스캔들의 규모와 내용으로 봐서 이런 의심이 비합리적인 것은 아니다. 그러나 금융 스캔들 수사의 무력화가 정치권력이 검찰을 탄압하는 주요 이유인 것처럼 묘사하는 것은 합리적이지 않은 데가 있다.

이러한 주장의 가장 확실한 근거인 양 제시된 것은 문재인 정권이 검찰개혁 과제의 일환으로 서울남부지검의 증권범죄합동수사단(이하 증권범죄합수단)을 해체한 일이다. 증권범죄합수단은 '여의도 저승사자'로 불리며 금융범죄 수사에 특화된 수사력을 갖춘 기구였는데, 별 근거도 없이 없애버린 데는 불순한 동기가 있다는 것이다.

증권범죄합수단을 해체한 조치에 불순한 동기가 전혀 고려되지 않았다는 보증은 없다. 그러나 증권범죄합수단 해체의 명분이 아예 없는 것은 아니기 때문에 이 조치가 오직 불순한 동기에 의해서만 이루어졌다고 말하기도 쉽지는 않다. 증권범죄합수단은 2013년 당시 박근혜 대통령의 지시에 의해 출범했다. 금융범죄에 효율적으로 대응해 성과를 냈다는 평가도 있지만, 금융범죄 사건과 엘리트 검사들의 이해관계가 맞물리는 특성 탓에 오히려 '선택적 기소'와 '거래'의 온상이 될 수 있다는 우려도 있었다. 실제로 2016년 당시 증권범죄합수단장이었던 검사가 검찰 출신 변호사를 통해 '스폰서'로부터 향응을 제공받고 이 사실이 드러날 위기에 처하자 증거인멸을 교사하는 사건이 일어났다.

이런 문제가 일부 부패 검사의 일탈에 불과하다면 합수단을 해체할 필요까지는 없을 것이다. 하지만 금융범죄자의 시각에서 보면 증권범죄합수단은 전관 변호사를 통해 검찰 수사에 영향을 미치기 쉬운 구조의 일부다. 이는 범죄와 수사기관이 '공생'하는 토양이 될 수 있다. 과거 중수부 해체가 검찰개혁의 주요 과제로 인식되었던 것과 마찬가지다. 검찰의 직접 수사를 줄이는 것이 개혁의 큰 방향인만큼 증권범죄합수단의 해체 자체가 있을 수 없는 일은 아니다.

물론 꼭 해체가 아니더라도 수사의 효율성을 기하기 위해 수사기관을 영역별로 전문화하되 감찰 및 견제 기능을 강화하는 대안을 찾자는 제안 역시 가능하다. 둘 중 무엇이 어떤 맥락에서 더 좋은 해법인지는 더 따져보아야 한다. 다만, 오늘날 강압 수사에 따른 인권침해 우려는 주로 권력층을 중심으로 제기되고는 하지만, 본질적인 문제는 힘없는 사람들에게 인권침해가 빈번하고 '검찰개혁'의 맥락에서 이 문제가 진전을 이루지 못했다는 점이다.

반대의 서사가 실제로 외면하는 것

'조국 흑서'의 저자들이 지적하는 다른 문제도 비슷한 맥락이다. 일부 타락한(?) 운동권 출신 정치 엘리트들이 과거 학생운동이나 시민단체의 인맥을 활용해 자신들의 이익만 챙긴 사례가 존재하는 것은 사실이다. 이런 일을 정당화하는 근거로 인터넷 공간 등에서의 '팬덤 정치'가 활용되고 있다는 지적도 일리가 있다. 공영 방송의 특정 프로그램들이 정권의 입맛에 맞는 내용을 방송하고 여기에 '비평'이란 포장지를 씌운다는 지적도 귀담아들을 만하다. 그저 시류에 편승해 부화뇌동하는 언론과 지식인의 꼴불견도 공감이 되는 바가 있다. 하지만 이런 문제를 모두 '내로남불'이나 '신적폐', '386 운동권 세계관'이라는 간단한 논리로 꿰어 맞추는 것이 합리적인지 의문이다. 그것이 이 사태의 본질일까?

사회적 현상을 '의도'만을 기준으로 소비하는 논의 방식은 거의 언제나 우리를 본질로부터 멀어지게 한다. '조국 사태'에서 백서냐 흑서냐는 결국 검찰 수사의 의도를 의심할 것인가, 조국 전 장관을 포함한 정권의 의도를 의심할 것인가의 양자택일로 귀결된다. 하지만 양측 모두 여러 이해관계가 얽히고 영향을 받고 있으므로 하나의 의도를 끄집어내어 평가하는 것은 사실 불가능하다. 군이 검찰 혹은 정권의 의도를 논하자면 양쪽 모두 불순하다고 할 수도 있고, 양쪽 모두 그렇게 할 만한 이유가 있었기 때문에 사태가 여기까지 왔다고 말할 수도 있다.

오로지 의도에 대한 의심이 실체적 진실에 접근하는 것을 불가능하게 만드는 사례는 또 있다. 앞서 잠시 언급한 윤미향 의원과 정의기억연대가 그것이다. '조국 흑서'의 저자 일부와 보수 세력은 이 논란에 대해서도 앞서와 비슷한 주장을 펼쳤다. 일본군 위안부 피해자 운동은 처음에 순수한 의도로 시작되었을지 모르지만, 시간이 흐르면서 '운동권'들의 사익 추구 수단으로 변질되었다는 것이다. 이 서사에서 '운동권'들은 일본군 위안부 피해자들을 위한다는 명분으로 모금을 했으면서 실제 피해자들을 위해서는 거의 한 푼도 쓰지 않았다. 윤미향 의원은 이러한 비위의 주동자인데도 집권 여당은 단지 운동권 인맥이라는 이유만으로 이런 부도덕한 사람에게 '금배지'를 안겨주었다.

사실 이런 의혹이 처음 제기된 것은 아니다. 일본군 위안부 피해자 운동은 필연적으로 당사자들이 중요한 역할을 할 수밖에 없는데, 이들 중에도 운동의 대의나 방법론에 온전히 동의하는 사람이 있는가 하면 그렇지 않은 사람이 있고, 일관된 입장을 갖고 있지 않은 사람도 있다. 일본군 위안부 피해자들이 고령이다 보니 가족이나 보호자가 끼어들어 논란을 키우는 경우도 더러 있었다. 이런 사정들로 논란이 불거질 경우 '이용당했다'라는 취지의 주장이 종종 제기되는데, 일본 측이 도의적 차원에서 제안한 보상책 등을 규탄하는 방식으로 최소한의 문제 해결을 '운동권'들이 거부하고 있으면서 모금한 후원금을 피해자들의 직접 지원에 쓰지 않는다는 것이 주로 근거로 제시되곤 한다.

　오랫동안 이 문제를 사회운동의 차원에서 맡아온 한국정신대
문제대책협의회와 그 실질적 후신이라 볼 수 있는 정의기억연대
는 비슷한 논란이 제기될 때마다 자신들 단체의 설립 목적이 일
본군 위안부 피해자들에 대한 직접 지원에만 그치는 것이 아니
라는 주장을 반복해 왔다. 일본군 위안부 피해자들에 대한 지원
은 개별 단체가 아니라 법, 제도 등을 통해 국가적 차원에서 이
루어지는 것이 바람직하다는 점, 이와 별개로 일본 정부에 공식
적 사죄와 법적 책임을 다할 것을 요구하면서 일본군 위안부 피
해자 운동을 전쟁 피해와 관련된 보편적 인권 문제로 확대해 나
가는 사업을 민간이 맡을 필요가 있다는 점 등을 고려하면, 이들
의 주장도 어느 정도 납득할 수 있다.

　이런 해명을 믿지 못할 주장으로 만든 것은 보수 언론이 앞다
투어 보도한 회계 부실 의혹이다. 그런데 이른바 '힐링센터'를 제
외한 나머지 대목에서 단체의 도덕성과 지금까지 해온 모든 활
동의 정당성을 무너뜨릴 만한 문제가 발생했다고 볼 것인지는 의
문이다. 정의기억연대 회계 관련 의혹의 상당 부분은 분식회계
를 뒷받침하는 분명한 근거가 제시된 것이라기보다는 국세청 공
시자료의 오류를 지적하는 것이 대다수였기 때문이다. 더군다나
이렇게 지적된 오류 중에는 정의기억연대의 일 처리 미숙이 원인
인 사례도 있었지만, 대개 세무 당국이 시민단체 등에 적용하고

있는 공시 관련 절차가 미비했던 것이 원인이었다. 다른 사건에서 공시 누락 등의 오류가 실제 분식 회계를 추측할 수 있는 단서가 되는 경우가 많은 것이 사실이라는 점을 고려하더라도 당시 문제 제기의 시점에 정의기억연대 회계 부실 논란을 어떤 전형적 비위의 문제처럼 말하는 것은 성급한 태도였다. 다만, '힐링센터' 문제는 검찰 기소 내용과는 별개로 윤미향 의원과 정의기억연대 측 설명으로는 명확히 해소되지 않는 의혹이 남아 있다고 본다. 이 부분은 추후에 반드시 밝혀져야 한다.

비리의 근거가 된 또 하나의 사실은 윤미향 의원이 앞서 단체들의 대표 격 역할을 맡아오면서 모금이나 단체 운영 관련 비용 집행에 개인 계좌를 이용했다는 것이다. 이 문제의 경우 단지 계좌의 명의가 개인인 것을 넘어 단체 비용 운영이 개인 수입 지출과 뒤섞였다면 개념상 횡령으로 볼 수 있는 상황이 성립되었을 가능성이 있다. 장부상 개인 소유 금액을 넘는 지출이 해당 계좌에서 이루어졌을 가능성이 있기 때문이다. 예컨대 애초에 개인 소유의 돈 100만 원이 들어 있는 계좌에 200만 원의 후원금을 모집했다고 가정해 보자. 잔액은 300만 원이 되었을 것이다. 그런데 이 계좌의 200만 원을 개인 용도로 썼다면 단체 소유의 돈 100만 원을 횡령한 것이 된다. 이런 일이 실제로 벌어졌다면, 당연히 그에 상응하는 책임을 물어야 한다.

하지만 이 책임이 처음부터 계획적으로 후원금을 편취할 목적으로 사기를 벌인 경우와 같을 수는 없다. 그런데 '조국 흑서' 저자 일부와 보수 세력은 사실상 사기와 같은 일이 벌어졌다는 전제를 놓고 사건을 평가했다. 이들이 논리적 맹점을 외면하는 이유는 무엇인가? 앞서 말한 대로 이들이 내세우는 서사는 '정권에 대한 반대'가 핵심이기 때문이다. 사태의 정확한 실체 파악이 목적이 아니었던 것이다.

애초에 논란의 문을 연 것은 정의기억연대가 후원금을 횡령하고 자신을 비롯한 일본군 위안부 피해자들을 이용하기만 했으며, 2015년 한일 합의 때 내용을 제대로 전해주지 않았다고 한 이용수 할머니의 주장이다. 그런데 이용수 할머니의 발언은 언론을 비롯한 주류 담론의 체계에서 온전한 형태로 이해된 바는 없는 것 같다. 각자가 자신들이 내세우는 서사에 유리한 방식으로 끼워 넣거나 음모론적 서사를 동원해 정치적 반격을 모색했을 뿐이다. 보수 언론이 2015년 한일 위안부 합의를 정당화하는 데 이용수 할머니의 발언을 활용한 것과 친정부 성향의 방송인으로 잘 알려진 김어준 씨 등이 '배후론'을 주장한 것이 여기에 해당한다.

우리가 이용수 할머니의 주장을 온전히 이해하는 것에 초점을 맞춘다면 발화자 본인의 입장이 되어보아야 한다. 이용수 할머니의 입장에서 상황을 보자. 일본군 위안부 피해자는 십여 명이 남았고, 그마저도 유의미한 활동을 할 수 있는 조건을 갖춘 분은 거의 남지 않았다. 그런데 아직도 문제 해결의 기미는 보이지 않는다. 일본 정부가 지난 역사에 대한 반성을 전제로 책임 있는 사과를 할 때까지 싸워야 하는데, 일본군 위안부 피해자 운동을 실질적으로 책임져 온 사람은 집권 여당의 공천을 받아 국회의원이 되겠다며 떠난다고 한다. 운동을 단지 정치 입문 경력에 활용할 것이었으면 차라리 경제적 도움이라도 충분히 주었어야 하지 않은가? 이제 일본군 위안부 피해자 운동을 더 이어나갈 실질적 동력이 사라진다면, 할 수 있는 일은 무엇이 남았는가?

이용수 할머니가 미래 세대를 위한 교육이 중요하다고 강조하면서 "김학순 할머니가 시작한 일을 이용수가 마무리 지어야 죽어도 할머니들 보기가 부끄럽지 않을 것 같다"라고 한 이유는 여기에 있다고 보아야 한다. 그렇다면 이용수 할머니의 주장을 문제 해결의 시작으로 만들기 위해 우리가 할 일은 무엇일까? 그것은 일본군 위안부 피해자 문제를 정부나 국회 차원에서 제대로 해결하고 매듭지을 수 있도록 하는 것이다. 그러나 우리 사회가 실제로 한 일은 이런 것이 아니다. 이용수 할머니의 주장을 좋을 대로 활용하며 본질은 외면했다.

'조국 백서'와 '조국 흑서'는 결국 무엇을 반대할 것인가를 묻고 이를 기준으로 자기 정당성을 설명해 가는 방식으로 정치적 담론을 형성한다. 가치 지향이라기보다는 분파의 형성이라고 해야 할 이런 방식은 현대 사회에서 민주주의가 발달하고 많은 사람이 여론에 개입하면서 더욱 일반화되고 있다. 즉, '조국 사태'가 보여주는 것은 진보나 보수 같은 가치의 변화 혹은 이를 둘러싼 갈등이라기보다는 정치권력의 분파적 조직화가 엘리트의 울타리를 넘어 대중적 차원까지 뻗어 나가고 있다는 사실이다. 그런 점에서 이제 진보는 '보수를 반대하는 것'이고 보수는 '진보를 반대하는 것'이 되었다고 보아야 할 것 같다.

촛불시위가 만들어낸 정권에서 이런 일들만 반복되고 있다는 것은 슬픈 일이다. 그런데 여기서 재차 확인되는 것은 본질은 온데간데없고 상대에 대한 반대만 있다는 점에서 촛불시위 이전과 이후에 동질성이 있다는 것이다. 참여정부 당시 집권한 세력과 반목하는 관계였던 '조국 흑서'에 가까운 사람들이 보수 정권하에서 '민주 세력'과 교감하고, 다시 '진보 정권'이 들어선 이후 서로 충돌하는 것 또한 이것이다. '조국 흑서'들은 배신당했거나 배신했다기보다는 '반대'의 초점을 당대의 집권 세력에 맞추고 있을 뿐이라는 점에서 일관성이 있다. '반대'의 초점을 이쪽에서 저쪽으로, 그러다가 다시 이쪽으로 옮기는 것이 시대의 변화를 보여주는 것이라면, 촛불시위는 우리 사회의 진보에 별로 기여한 것이 없을지도 모른다.

'정상화'라는 동상이몽, 정파적 이해 뒤에 숨은 집권 세력

이런 의문을 좀 더 효과적으로 답하기 위해 근본적 질문을 던져보자. 애초에 진보란 무엇인가?

한국 사회에서 '좌파'를 말하는 것은 색깔론의 희생양이 될 여지가 있어 미국식 혁신주의progressivism를 번역하여 차용했을 것이라는 설도 있지만, 유래가 무엇이든 '진보'란 결국 이상을 향해 조금 더 나은 세상을 지향하는 것이라고 말할 수 있다. 예를 들어 모두가 평등하게 잘사는 사회를 만들자는 것과 각자도생의 경쟁을 통해 살아남은 개인이 사회를 이끄는 것이 현실이라는 주장 중 이상에 더 가까운 것은 전자일 것이다. 그런 점에서 우리 사회가 '진보'했다고 평가하려면 모두가 평등하게 누릴 권리가 조금이라도 확장되었다고 말할 수 있어야 한다.

지난 보수 정권의 시대에서 놀라웠던 광경 중 하나는 사회공공성을 강화하자는 주장에 많은 사람이 공감했다는 것이었다. 자칭 진보주의자들은 1997년 외환위기 이후 한국 사회를 장악한 신자유주의 이데올로기가 각자도생과 무한경쟁을 우리 사회에 내면화했다고 생각했다. 각자 살아남는 것이 해결책인 사회에서 사회공공성을 강화하자는 주장이 지지를 받는 일은 요원할 것으로 생각되었다. 그렇기에 2013년 철도노조의 파업에 많은 시민이 지지 및 연대 의사를 밝히고 '안녕들 하십니까?' 같은 운동에 호의적 반응을 보인 것은 희망적 신호였다.

그러나 이른바 '진보 정권'이 거의 마무리에 들어선 지금은 사회공공성 강화에 대한 국민적 열망이 정말 존재했던 것인지가 의문일 정도다. 오히려 현실은 각자도생을 내면화한 개인들이 오직 경쟁에서 승리할 가능성을 높여달라는 목소리를 제각기 내는 것에 가깝다. 10년도 안 되는 사이에 대중이 공유하는 '시대정신'이 진보에서 보수로 극적으로 변화했다고 보기는 어렵다. 그렇다면 사회공공성 강화와 각자도생이 양립 가능한 세계관이란 무엇일까?

문재인 대통령이 2012년 출마 당시 내놓은 유명한 구호에 단서가 있다. "기회는 평등할 것입니다. 과정은 공정할 것입니다. 결과는 정의로울 것입니다." 이것은 여러 사람이 지적하는 대로 '공정한 경쟁과 그 결과에 따른 보상'이라는 시장주의적 원칙을 표방하고 있다. 촛불시위는 시민들이 나라를 '정상화'하기 위해 상식적 저항에 나선 것으로 운동의 성격을 규정했다. "이게 나라냐"라는 구호는 촛불시위의 이런 성격을 잘 보여준다. 촛불시위의 정치적 결과는 문재인 정권의 탄생이었으므로, 당시의 '정상화'는 '기회의 평등'과 '공정한 경쟁'을 포괄한 것이었다고 평가할 수 있다.

그런데 당시 문재인 후보는 앞선 시장주의적 구호만이 아니라 진보적인 것으로 볼 수 있는 정책도 수용했다. 탈원전 정책이나 최저임금 인상, 특수고용직노동자 등에 대한 노동3권 보장과 비정규직의 정규직화 등이 여기에 해당한다. 이것은 정치공학적 측면에서는 시민사회단체 등 진보적 유권자층의 지지를 획득하기 위한 공약이라고 볼 수 있다. 촛불시위가 내건 '정상화'에도 이런 진보적 정책 또한 포함되어 있었다. 즉, 어떠한 측면에서 보면 '정상화'는 시장주의와 진보적 정책의 결합이었다.

그런데 '정상화'는 반드시 '비정상'을 전제할 때에야 성립한다. 특별히 비정상적인 것이 있어야만 그것을 '정상화'할 필요성이 생기기 때문이다. 그렇다면 '비정상'은 무엇이었는지를 물어야 '정상화'의 성격을 정확히 진단할 수 있다. 촛불시위가 상정하는 '비정상'은 보수 정권인데, 이 맥락에서 보수 정권의 문제는 크게 나눠 두 가지로 정리할 수 있다. 첫째는 보수 정권이 추진한 정책이 소수의 기득권에만 유리한 결과를 낳았다는 것이다. 이명박 정권 당시의 이른바 '고환율 정책'이나 비정규직 등 노동 불안정 확대, 이를 앞세운 공공기관 선진화 등이 대표적이다. 둘째는 보수 정권을 주도한 사람들이 겉으로는 나라를 위한다는 명분을 내세우면서 뒤로는 권력을 활용해 사익을 추구했다는 것이다. 이명박 전 대통령의 다스-BBK 의혹이나 박근혜 전 대통령과 최순실 씨의 미르재단, K스포츠재단 문제 등 '스캔들'로 부를 수 있는 문제가 여기에 해당한다.

즉, 촛불시위의 시각에서 나라를 망친 '비정상'이란 보수적 정책과 사익 추구의 결합인 셈이다. 따라서 이를 '정상화'하려면 진보적 정책과 사익 추구 방지를 결합해야 한다. 그런데 앞서 본 사익 추구는 이명박, 박근혜 전 대통령처럼 '나쁜 사람들'이 권력을 독점하고 공정한 경쟁을 보장한 사회적 규칙을 훼손한 결과다. 최순실 씨의 딸인 정유라 씨의 특혜로 일관한 대학 생활 등에 특히 사람들이 분노한 것도 이런 이유에서다. 따라서 '정상화'를 위해서는 권력의 독점과 불공정이 아니라 정확히 그 반대편에 있는 기회의 평등과 공정한 경쟁을 보장해야 한다. 이런 점에서 '정상화'는 비정상을 바로잡는 것이라기보다는 비정상인 상태를 반대하는 것, 즉 '반反 비정상화'로 표현하는 것이 올바르다고 생각한다.

다시 말해, 사회공공성 강화와 각자도생은 비정상화를 반대하는 맥락에서 한 바구니에 담긴 셈이다. 그런데 문재인 대통령의 집권으로 비정상에 반대하는 캠페인은 일차적으로 완료되었다. 그러니 사회공공성 강화와 각자도생이 함께 들어 있던 바구니는 그 형태가 희미해질 수밖에 없고, 이에 따라 양쪽이 분리되는 것은 어찌 보면 당연한 결과다. 문제는 이러한 현상이 대단히 파국적인 방식으로 이루어졌다는 점인데 이에 대해서는 다음 장에서 다룬다. 그 전에 여기서 짚고 넘어갈 것은 집권했는데도 권력을 다루는 문재인 대통령의 태도는 '정상화'의 틀을 벗어나지 않았다는 것이다.

이런 태도를 보여주는 대표적 사례가 검찰과의 갈등이다. 검찰개혁은 문재인 정권이 가장 비타협적인 태도로 임한 분야다. 문재인 정권은 검찰개혁에 대해서만큼은 모든 것을 잃더라도 마지막까지 포기하지 않고 반드시 관철하겠다는 태도를 고수했다. 그것은 과거 참여정부와 노무현 전 대통령의 비극에서 비롯되었을 것이다.

문재인 대통령은 자신의 저서에서 참여정부의 검찰개혁에 대해 다음과 같이 밝혔다. "제도 개혁을 하지 않고 검찰의 정치적 중립을 보장하려 한 것은 미련한 짓이었다. 퇴임한 후 나와 동지들이 검찰에 당한 모욕과 박해는 그런 미련한 짓을 한 대가라고 생각한다."* 또 2019년 2월에도 청와대에서 열린 국정원·검찰·경찰 개혁 전략회의에서 다음과 같이 발언했다. "마치 물을 가르고 간 것처럼, 분명히 가르고 나갔는데 법 제도까지 개혁하지 않으면, 지나고 나면 도로 언제 또 그랬냐는 듯이 도로 물이 합쳐져 버리는, 또는 당겨진 고무줄이 도로 되돌아가 버리는 그런 게 될지 모른다는 것이, 그렇게 참으로 두렵습니다." 문재인 정권이 조국 전 법무부 장관 문제부터 윤석열 검찰총장 '찍어내기' 논란에 이르기까지 온갖 정치적 손해를 감수하면서도 정면 돌파를 반복해서 시도한 이유를 알 수 있는 대목이다.

　그런데 그러한 이유로 현직 법무부 장관과 검찰총장이 서로 법적 대응에 나서는 등 정치적 파국이 일어나는 동안 문재인 대통령은 적어도 대외적으로는 개입을 최소화하는 모습을 보였다. 직접 나선 것은 마지막 국면에 이르러 정말 어쩔 수 없는 상황에 직면한 이후였다. 나라의 정치적 지도자로서 앞장서서 내부적 갈등을 해결하는 것이 아니라 오히려 방관하거나 조용한 해결을 시

* 노무현재단(엮음)·유시민(정리), 《운명이다》, 돌베개, 2019.

도하는 방식을 택한 것이다. 이런 모습은 이슈가 되었던 다른 문제들, 예를 들면 전 정권에서 해결하지 못한 장자연, 김학의 사건이라든지 버닝썬 사건 등에 대해서는 직접 나서서 철저한 수사를 지시한 것과 대조적이다.

이런 태도의 차이는 물론 대통령은 지지율에 도움이 되는 문제에 대해서만 직접 나서고 그렇지 않은 문제는 국무총리나 장관이 부담을 나눈다는 통치 기술의 일환으로 볼 수도 있다. 그럼에도 문재인 대통령의 움직임은 지나치게 소극적이었다. 법무부 장관과 검찰총장의 갈등으로 국민의 피로도가 절정으로 치달을 때 직접 나서서 정리하는 모습을 보였다면 지지율에 긍정적 영향을 줄 수도 있었다. 그러나 그렇게 하지 않은 이유는 검찰총장 임기제 훼손이 결국 '정상화'의 명분과 맞지 않기 때문이다.

앞서 보았듯 문재인 대통령은 정치적 독립성을 보장해야 한다는 검찰의 주장을 받아들일 수 없는 처지다. 검찰이 정권 초에는 이전 정권의 비리를 수사하며 정치적 힘을 축적하고 정권 후반에는 '살아있는 권력'에 칼을 겨눠 결과적으로 개혁을 거부하고 기득권을 지키는 결과로 이어진 것을 직접 체감했기 때문이다. 그런데 앞서도 보았듯이 검찰에 대한 정치적 압력이 해결책으로 등장한 배경에 과연 정파적 이익에 대한 고려가 없다고 말할 수 있을까? 그렇지는 않을 것이다. 예컨대 월성1호기 조기 폐쇄 과정의 위법 여부를 검찰이 수사하면 안 된다는 것은 국가의 에너지

정책을 검찰이 결정해서는 안 된다는 것과 이 수사가 진행되면 정권과 여당이 정치적 손해를 보게 된다는 것, 어느 쪽을 더 중히 여긴 판단인가? '과정에 위법이 있었을지는 모르나 정책 자체는 정당하다'라고 주장하는 정치적 모범 답안이 있는데도 여당이 '검찰의 정치적 의도'에 초점을 맞춰 '검찰 반대' 캠페인을 앞세운 것은 정파적 이해득실에 무게를 둔 판단에 가깝다는 의심을 갖게 한다.

이 판단 덕에 이루어진 검찰총장에 대한 정치적 공격은 수사 기관에 '권력의 시녀'가 될 것을 요구하는, '비정상'이 벌어졌던 과거 정권과 별반 다를 것이 없었고, 명분에도 맞지 않았다. 명분이 없는 일을 정권과 여당이 굳이 강행한 것은 법무부 장관과 검찰총장의 충돌이 '정상화'와 '정파적 이익'이라는 양자택일 중 후자를 택했기 때문이다. 대통령의 소극적 태도는 바로 여기서 비롯되었다. '정상화'가 '정파적 이익'을 동반할 때 대통령은 얼마든지 전면에 나서 적극적 메시지를 내놓을 수 있다. 하지만 그렇지 않은 경우에는 소극적 태도로 돌아서 '정파적 이익'을 위해 '정상화'라는 명분이 훼손되는 상황을 용인하는 것이다. 비유하자면, 이것이야말로 사실상 '촛불시위 최후의 모습'이라고 할 것이다.

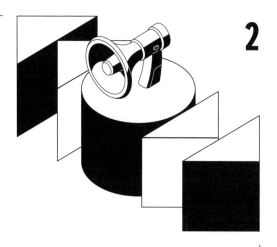

2

이익과 손해의 세계

남북단일팀과 가상화폐, '서초동 촛불'과 난민

권력의 이런 태도는 사회공공성 강화와 각자도생의 전략적 동맹 (?) 관계에 어떤 영향을 미쳤는가? 앞선 논의를 다시 정리해 보자. 지향하는 가치가 아니라 상대에 대한 반대를 조직화하는 것에 초점을 맞춘 것이라면, '진보'와 '보수'라는 명칭은 주체적인 것이라기보다는 오직 상대를 부르는 호칭에 불과하다. 가령 누군가가 '보수'로 호명된다면, 그것이 무슨 이유든 간에 '진보를 반대하는 사람'이라는 뜻이다.

진보가 보수를 강하게 비난할 때 '당신은 진짜 보수가 아니다'라는 논리를 동원한다는 것을 떠올려보자. 의도로 보자면 그저 상대를 공격하기 위해 꺼내든 것에 불과하지만, 이런 어법은 세상이 말하는 진보와 보수라는 개념이 얼마나 허망한 것인지 드러낸다. '진짜 보수'는 사회적으로 합의된 개념이 아니다. 예를 들어 박근혜 전 대통령이 상징하는 '구식 정치'를 지지하는 사람의 입장에서는, 이른바 '합리적 보수'는 '진짜 보수'가 아닌 비겁한 정치 모리배들일 뿐이다. 이들에게는 비타협적으로 '보수가 아닌 것들'과 싸우는 보수야말로 '진짜 보수'다. 반면 '민주 세력'을 지지하는 사람의 눈으로 보면, 시장원리를 부정하는 박근혜 전 대통령의 지지층이야말로 '보수'를 말할 자격이 없다. 정치적 손해를 무릅쓰고 '구식 정치'의 품에서 벗어나려는, '합리적 보수'가 그나마 '진짜 보수'에 가깝다. 즉, '진짜 보수'가 무엇인지는 알 수 없지만 어찌 되었든 '보수'는 '진짜 보수'가 아닌 셈이다.

보수 정치 몰락의 계기가 된 2017년의 촛불시위가 한국 사회에 요구한 것은 무엇일까? 당시의 촛불시위는 10년 가까이 이어진 보수 정권에 대한 각계각층의 불만을 단일한 정치적 힘으로 묶는 틀이었다. 따라서 정확히 말해 촛불시위가 한국 사회에 요구한 것은 '진보'라기보다는 '반反보수'였다. 그런 점에서 촛불시위의 정치적 파장이 당시의 보수 정치에 대항하는 세력이라고 할 수 있는 문재인 대통령의 탄생으로 이어진 것은 어쩌면 당연한 일이다.

바로 이 조건이 문재인 정권의 한계를 설정했다. 문재인 정권은 진보적 가치를 관철하기를 바라는 사람들의 지지로만 탄생한 것이 아니다. 정권 핵심부의 개별 인물들이 어떤 대목에서 진보적 지향을 갖고 있었다고 가정하더라도 곧 정치적 한계에 직면할 수밖에 없었다. 이런 점에서 문재인 정권은 충분히 진보적인 수준까지 나아갈 수 없다는 근본적 한계를 안고 출범했다. 집권 당시 정책 책임자들이 세운 계획도 초기 1, 2년 안에 이른바 개혁 과제를 마무리 짓고 그 후에는 실제 성과를 바탕으로 안정적 국정 운영을 모색하면서 재집권을 준비한다는 것이었다. 2017년 인수위를 대신하는 성격의 국정기획자문위가 작성한 '국정 운영 5개년 계획'을 보면 이런 점이 잘 드러나 있다.

깨져버린 진보와 이익의 동맹

그러나 불충분한 진보 혹은 개혁이라는 절충으로도 막을 수 없었던 것은 '진보'와 '이익'의 갈등의 등장이었다. 보수 정치가 지배 권력을 소유하던 시기에 '진보'와 '이익'은 동행할 수 있었다. 앞의 장에서 서술한 것처럼 부패한 보수 정치가 '나의 이익'을 빼앗아 가고 있거나 적어도 불공정하게 취급하고 있으므로 '나의 이익'을 위해서는 보수 정치를 반대해야 한다는 서사가 가능했기 때문이다. 탄핵 정국에서 사람들의 관심이 대의민주주의 자체의 훼손보다는 박근혜 전 대통령과 최순실 씨의 부정부패에 집중되었다는 점도 이를 보여주는 근거다.

문제는 사회의 진보가 늘 모든 사람의 이익을 보장하지는 않는다는 것이다. 지금보다 약자에게 더 많은 배려가 있어야 한다는 사회적 정의를 관철하려면 누군가는 손해를 감수해야 한다. 권력을 보수가 가지고 있었을 때 '진보'들은 보수 정치와 긴밀히 연결된 초고소득층에 이 손해의 책임을 지우겠다고 주장했다. 초고가 주택에 대한 보유세 강화, 초고소득자에 대한 소득세 강화 등이 여기에 해당하는 구호다. 하지만 공동체에 참여하는 모두가 손해를 감수하지 않으면 사회 정의의 완전한 실현은 불가능하다.

예컨대 북한 문제를 보자. 북한과 핵 문제는 문재인 정권이 가장 공을 들인 정책 주제일 것이다. 이를 근거로 문재인 정권의 성격을 이념적으로 규정하는 경우도 있다. 친북적 성향이 작동하고 있다거나 과거 운동권의 민족해방 계열을 계승한다는 것이다. 뒤에 다시 언급하겠지만 그것이 사실인지는 더 따져봐야 한다. 현실의 정책이라는 차원에서 문재인 정권이 대북 문제에 주목한 데는 실리적 이유가 상대적으로 컸다고 생각한다. 첫째, 북한 문제는 이전 정권에서 금과옥조로 여겨지던 몇 가지 냉전적 원칙을 폐기하고 협상을 통해 수를 잘 내면 실질적 해결이 가능한 실마리를 잡을 수 있었다. 실제로 문재인 정권은 결과가 좋지 않기는 했으나 싱가포르 선언과 하노이 회담의 성사라는 성과를 냈다. 둘째, 북한의 핵실험이나 미사일 시험 발사 등은 정권이 통제할 수 없는 변수인데, 그것이 가져오는 정치·사회·경제적 효과는 결정적이다. 따라서 변수를 통제할 수 있게 만들고 이를 성과로 제시해 정치적 기반을 강화하는 전략을 세우는 것은 당연한 귀결이다.

그러나 과연 대북관계 개선은 실제로 우리의 이익으로 돌아오는 것일까? 처음에는 그렇게 생각한 사람이 많았다. 남북 관계가 나아지면 남한의 안전을 위협하는 요소도 사라질 수 있고, 이렇게 조성된 안정적 기반은 경제적 성장의 동력이 될 것이다. 북한 지역은 개발이 낙후한 데다가 지하자원이 많기 때문에 이를 활용하면 새로운 기회를 찾을 수 있다는 개발주의적 논리도 등장했다. 휴전선 인근 지역의 부동산 가격 상승을 기대하는, 토지 소유주들의 일차원적 바람도 있었다. 하지만 평창 동계올림픽 여자 아이스하키 남북 단일팀 논란은 이러한 핑크빛 미래만이 우리를 기다리고 있는 건 아닐 수 있다는 불길한 예고가 되었다.

2018년 평창 동계올림픽은 남북, 북미 간 대화를 재개할 중요한 이벤트였다. 역사적으로 올림픽은 스스로 그러한 역할을 자청해 왔다. 근대 올림픽의 기획자인 피에르 드 쿠베르탱Pierre de Coubertin의 구상도 스포츠를 세계 청년들의 화합의 장으로 만들어 평화를 추구하자는 것이었다. 실제로 '스포츠 협력'은 적대하는 국가들 사이의 갈등 수위를 낮추는 역할을 여러 사례를 통해 계속 해왔다. 실제로 북한은 이러한 명분에 따라 김여정을 비롯한 핵심 인물들을 개막식에 파견했는데, 그 후 북미 대화의 재개로 이어지는 발판이 되었다는 것은 주지의 사실이다.

당시 남북은 정치적 효과를 극대화하기 위해 북한 대표단의 파견 이전에 여자아이스하키 종목에서 남북 단일팀을 구성하기로 했다. 이 역시 '올림픽의 정신'에 맞는 조치였다. 여자 아이스하키는 이른바 '메달권'을 노리는 종목이 아니므로 성적을 내야 한다는 압박으로부터 비교적 자유롭고 남북 간 실력 차이가 상대적으로 적다는 사정 등이 고려되었다.

문제는 이렇게 되면 여자 아이스하키 한국 대표팀의 입장에서는 출전 선수가 '손해'를 입게 된다는 것이었다. 실제로 대표팀 선수 일부는 SNS를 활용해 새로 합류하게 될 북한 선수들 때문에 남한 선수들이 출전 명단에서 배제되는 등의 피해를 입을 수 있다며 우려의 목소리를 냈다. 다수의 젊은 인터넷 이용자들이 대표팀 선수들의 주장에 호응했다. 정치권력이 젊은이들의 피땀 어린 노력을 단지 남북 관계의 개선이라는 정치적 성과를 위해 빼앗아 가며 희생을 강요하는 것은 불공정하다는 것이다.

여기에 스포츠는 재능과 노력이 정직하게 결과에 반영되는 분야라는 대중적 믿음이 더해져 논란의 폭발력은 배가되었다. 남북의 선수들이 서로 사용하는 용어부터 달라 훈련에 어려움을 겪고 있다는 보도가 나오고 실제로 경기 결과 역시 기대에 미치지 못하는 수준으로 나오자, 정권이 '공정'의 원칙을 무너뜨렸다는 식의 해석을 놓고 정치권이 연일 갑론을박을 벌이는 사태에까지 이르렀다.

보수 언론은 이 사건을 두 가지 형식으로 포장해 정치적 논란을 부채질했다. 첫째는 이 문제가 문재인 정권의 북한에 대한 굴종적 성향에서 비롯되었다는 것인데, 이것은 고전적 '색깔론'에 가까운 것이다. 둘째는 그동안 '진보'의 정치적 동력을 이끌어온 것은 통일지상주의에 매몰된 '운동권' 출신 86세대였으나 남북 단일팀 논란은 이들로부터 자유로운 새로운 세대를 정치적으로 발굴(?)하도록 했고, 이들이 보수 정치의 새로운 지지층이 될 것을 기대해 볼 만하다는 것이다.

보수 언론의 이런 평가는 당연히 자신들에게 유리한 쪽으로 활용하기 위해 상황을 해석한 것이다. 대표팀 선수들의 반발은 정부가 단일팀 구성을 위한 여론을 충분히 수렴하지 않았다는 것이 직접적 원인이다. 일방적으로 희생을 강요하는 것과 대의를 위한 양보를 구하는 것은 전혀 다른 문제다. 또 애초의 반발과는 달리 경기 일정이 마무리될 즈음 남북의 선수들은 예정된 이별을 아쉬워하면서도 자신들이 평화의 상징이 되었다는 사실을 자랑스러워하는 모습도 보였다. 남북 단일팀이 애초의 기대 이상으로 올림픽 정신을 구현하는 데 성공했다는 것을 보여주는 장면이다.

그러나 그렇다고 해서 보수 언론의 진단이 현실과 완전히 동떨어져 있다고 할 수는 없다. 젊은 세대가 이 논란에 반응하면서 내놓은 목소리들 자체는 보수 언론이 평가한 것에서 크게 멀지 않다고 느껴진다. 오늘날의 젊은 세대는 성장 과정에서 경쟁을 통한 성과와 보상이라는 체제를 내면화했다. 게다가 기성세대는 이런 체제의 원리를 더욱 전면적으로 세상만사에 적용하는 것이 곧 '진보'라는 논리를 주입해 왔다. 앞서 묘사한 것과 같이 이 논리는 '보수가 초래한 비정상적 이익 배분 시스템이 '나의 이익'

을 훼손하고 있다는 인식을 전제하는 것이다. 이런 인식에 따르면 '보수'가 만든 체제적 왜곡을 바로잡고 '공정한 경쟁'과 그 결과에 따른 보상이 주어지는 체제로 '회귀'할 수 있다면, '나의 이익' 또한 정상화될 것이다. 그러나 이 서사에서 생략된 것은 '나'는 경쟁이 공정하기만 하면 반드시 승리하는 존재라는 것이다. 하지만 실제로 그런가? 승자가 있으면 패자도 있는 법이다. 따라서 공정한 경쟁의 질서를 확립하는 것이 중심인 '진보'와 '나의 이익'이 언제나 양립할 수는 없다.

이런 점에서 우리 사회가 젊은 세대에 주입해 온 것은 '승자의 논리'에 다름 아니다. 어디까지나 손익 관계라는 차원에서 패자가 '승자의 논리'를 받아들일 수 있는 유일한 전제는 경쟁에서 이긴 사람들이 나머지 패배한 사람들에게 이익을 안겨줄 수 있다는, 즉 '먹여 살릴 수 있다'는 믿음이다. 그리고 그것은 보수 정치가 요구하는 사회질서와 정확히 일치한다. 따라서 남북 단일팀 논란으로 불거진 젊은 세대의 시대적 인식은 보수 정치에 친화적일 가능성이 높다고 볼 수 있다.

이런 인식을 가진 젊은 세대가 과거 보수 정권에 대해 적대적 태도를 취했으며 촛불시위 참여에도 적극적이었다는 점까지 고려하면, 여자 아이스하키 남북 단일팀 논란에서 발견된 보수 정치의 씨앗은 애초에 '진보'의 토양에 감춰져 있었다고 볼 수 있다. 앞서 보았듯이 촛불시위의 '진보'가 실제로는 '정상화'라는 외양을

한 '반反보수' 또는 '반反비정상'에 불과했다는 사실을 고려한다면 이는 당연한 것이기도 한데, 젊은 세대에게 진보가 '손해'로 보일 수 있다는 점이 중요하다. 진보와 각자도생이 '정상화'라는 한 지붕 아래 더이상 공존할 수 없다고 하면, 갈라서게 될 둘 중 어느 쪽이 '정상화'의 타이틀을 가져가는지가 중요해진다. 진보의 입장에서는 여기서 진짜 실력이 드러나는 것이라고 할 법한데, 지금까지 우리 사회가 젊은 세대에게 가르쳐온 것은 실제로 진보가 아닌 시장원리였다. 실상 이 사회가 '진보'라고 불러온 이념과 사상의 어떤 덩어리들은 독재에 반대하고 개인의 자유를 쟁취하면 모든 문제가 해결되는 것처럼 표현해 왔다는 점에서 좀 더 엄격한 시장원리의 구현이라는 요구에 편승해 온 측면이 있다. 따라서 젊은 세대가 진보와 '손해' 사이의 부조리한 연결고리를 발견한 것은 '정상화'의 이름을 각자도생 쪽이 가져갈 확률이 높아졌다는 것을 보여준다.

문재인 정권에 대한 젊은 세대의 반란(?)처럼 다뤄진 또 하나의 사례는 암호화폐 논란이다. 암호화폐 투자가 젊은이들 사이에 유행처럼 번져 나가고 이로 인한 다양한 피해 사례가 증가하자 정부는 크게 세 가지 틀에서 규제에 나섰다. 첫째는 기존 금융 시스템의 안정성을 제고하는 것이었다. 가상계좌 발급을 통한 암호화폐 거래 업체와의 연계를 규제하거나 차단한 것이 여기에 해당한다. 둘째는 암호화폐 매매를 통해 거둔 수익에 대한 과세를 검토하는 것이었다. 이는 암호화폐 투자 열풍을 식히기 위해서이기도 했으나 실제로 어마어마한 시세 차익이 발생하는 거래가 활성화되는 일을 세정 당국이 모른 척할 수만은 없는 것도 사실이다. 셋째는 암호화폐의 특성을 활용한 자금 세탁 등 범죄행위에 관한 것이었다. 이것은 마약이나 음란물 거래 같은 실제 사례로 문제가 드러났다.

과세 형평을 위해서는 소득이 있는 곳에 과세가 이루어져야 한다는 점에서, 또 암호화폐를 활용한 범죄 우려가 실재한다는 점에서 정부의 대책은 꼭 필요했다. 어떠한 제도적 완충장치도 없는 상황에서 암호화폐 실패 투자로 말미암아 벌어질 수 있는 피해를 방지할 필요도 있었다. 하지만 정부가 규제에 나서자 젊은 세대를 중심으로 다시 반발의 목소리가 나오기 시작했다. 이미 암호화폐 시장에 상당한 금액을 투자한 사람 입장에서는 거래를 위축시킬 수 있는 조치를 정부가 취하는 것은 어떤 면에서 보아도 '손해'다. 경우에 따라서는 암호화폐 투자금을 돌려받을 수 없게 될 수 있다는 우려도 있었다. 따라서 손익의 관점에서 보면 이들의 반대는 당연했다.

문제는 정부 정책에 '내가 손해를 본다'는 이유로 반대하는 것은 공적 명분으로 내세울 만한 논리가 아니라는 것이다. 따라서 반발에 정당성을 부여할 '서사'가 형성되었고, 보수 언론이 이를 적극적으로 대서특필하는 상황으로 이어졌다. 여기서 암호화폐 투자의 서사란 이런 내용이다. 기성세대는 조금만 노력해도 쉽게 먹고살 걱정을 해결할 수 있는 시대에 태어났고, 주식과 부동산 투자로 충분한 자산을 축적하는 데 성공했다. 하지만 저성장을 걱정하는 오늘날을 살아가는 젊은이들에게 이런 기회는 더 이상 없다. 암호화폐는 이런 불운한 시대에 젊은 세대에게 주어진 자산 축적의 유일한 기회다. 이미 벌 만큼 번 기성세대가 그것을 규제하겠다는 것은 일종의 '사다리 걷어차기'다. 자기들도 투자로 돈을 벌었으면서 젊은 세대의 투자는 '투기'로 규정하며 죄악시하는 것은 공정하지 않다.

이런 '서사'는 현실을 얼마나 정확하게 반영하고 있을까? 2019년 10월 31일자 SBS 〈그것이 알고 싶다〉에 출연한 젊은 암호화폐 투자자의 한탄은 사태의 본질이 무엇인지를 보여준다. 이 투자자는 "5000만 원은 있어도 흙수저, 없어도 흙수저"라면서 오직 암호화폐 투자를 통해서만 밝은 미래를 꿈꿀 수 있는 자신의 불행을 호소했다. 5000만 원 정도는 자신의 처지를 근본적으로 바꿀 수 있는 큰돈이 되지 못하기에 '하이 리스크 하이 리턴'을 기대할 수 있다면 잃을 각오를 하고 공격적 투자를 하는 것도 선택지 중하나가 될 수 있다는 것이다. 그러나 상식적으로 자산에 투자할 수 있는 여윳돈을 5000만 원이나 갖고 있는 사람을 '흙수저'라고 부를 수는 없다.

오히려 5000만 원 정도는 있어도 그만, 없어도 그만이라는 세계관의 사람이 꿈꾸는 '성공한 삶'이 어떤 수준인 것인지를 따져 보아야 한다. 그것은 아마 일하지 않아도 먹고살 수 있는 삶, 즉 충분한 불로소득을 거둘 수 있는 '건물주'일 것이다. 하지만 주식과 부동산 투자로 자산을 축적한 기성세대 중에서도 이런 이상적 수준의 '건물주'와 어깨를 나란히 할 만큼 성공한 사람은 많지 않다. 그런 점에서 암호화폐 투자 규제에 대한 서사는 오늘날 젊은이들이 세대 간 격차로 경험하는 고통의 크기가 적지 않다는 것을 보여주기도 하지만, 근저에는 바로 이런 이유로 기만적인 성격이 있다는 사실도 부정할 수 없다. 그렇다면 이 '기만'을 정당화하는 기제는 무엇인가? 세상의 근본은 오직 손익 관계이며, 대의명분이란 나의 손해를 경감하기 위해 내놓을 수 있는 수단에 불과하다는 세계관이다.

사회가 더 나아지기 위해서 진보의 가치를 실현해야 한다거나 보수의 정신으로 세상을 보아야 한다는 것은 대의명분에 기반한 주장이다. 대의명분의 세계는 총체적 정합성을 추구한다. 대의명분을 세운다는 것 자체가 많은 사람의 동의를 구할 수 있는 보편타당한 원리를 제시하려는 노력이기 때문이다. 따라서 대의명분을 제대로 주장하기 위해서는 끝없는 논증을 통해 반론에 다시 반론을 가하는, 이성적이고 합리적인 방식으로 정당성을 확보하는 과정이 영속적으로 필요하다.

그러나 세상의 근본은 오직 손익 관계라는 인식으로 보면, 사회 구성원들은 각자에게 유리한 이념을 취사선택해 핑계처럼 활용하면 그만이다. 필요한 건 논증이 아니라 얼마나 많은 사람이 같은 주장을 선택하였느냐, 즉 실제로 도움이 되는 '힘'을 얼마나 확보했느냐일 뿐이다. 여기서 얼마나 합리성이 있는지는 크게 중요하지 않다. 그러니 사회적 쟁점을 다루는 과정에서 어떤 실효적 대안을 어떻게 마련할지를 논하는 것보다는 나의 이익을 훼손하는 존재에 대한 '반대'를 얼마나 더 치열하게 할 것인가에 초점이 맞춰지는 것이다. 우리 사회의 정치적 논쟁이 각자에게 유리한 서사를 들고 나와 평행선을 그리는 것으로만 귀결되는 이유가 여기에 있다.

손익 관계를 은폐하는 대의명분

손익 관계를 대의명분의 서사로 감추는 또 하나의 방법은 내가 아니라 바로 상대가 그렇게 행동하고 있다고 주장하는 것이다. 남북 단일팀 논란에서 정권이 정치적 이익이라는 '사익'을 위해 스포츠를 통한 평화라는 명분을 내세우고 있다는 주장이나, 암호화폐 논란에서 기성세대가 자기 이익을 지키기 위해 '사다리 걷어차기'를 했다고 규정하는 것이 모두 여기에 해당한다. 대의명분 자체를 반대하는 것은 쉽지 않은 일이니 대의명분 자체를 사익 추구를 위한 수단으로 규정하고 '나'의 사익 추구를 정당화하겠다는 것이다.

이런 일을 더 극적으로 보여주는 사례는 우리 사회의 난민에 대한 태도다. 예멘 출신의 난민들이 제주도에 등장하자 이들에게 난민 자격을 부여하는 것을 반대하는 사람들은 집회를 열고 목소리를 냈다. 사실상의 무슬림 반대 집회가 개최되었다는 점에서 우리도 글로벌 스탠더드(?)에 도달하게 되었다며 비꼬는 사람도 있었다. 그러나 사태의 본질을 이해하려면 집회가 열린 것 자체보다는 여기서 어떤 주장이 나왔는지를 살피고 근본을 짚어야 한다.

이 사건으로 등장한 한국인들의 '난민 반대' 구호는 크게 두 가지 결로 나누어 볼 수 있다. 첫째는 종교적 맥락이다. 한국의 보수 개신교계는 '이슬람'의 국내 유입을 다양한 이유로 우려해 왔다. 이명박 정권 때인 2011년에는 유명 목사가 '포교'와 별 관계가 없는 '수쿠크sukuk 채권법' 도입 논의를 비판하며 '대통령 하야'를 거론했을 정도다. 기독교 장로가 대통령인 정권이 이 법을 추진한 이유는 교리를 이유로 금융 투자를 꺼리는 이슬람 자본의 국내 유입을 용이하게 하기 위해서였다. 보수 개신교계는 이 법이 이슬람 자본이 테러 자금을 지원하는 데 악용될 수 있다는 논리를 폈으나, 이 주장은 당연하게도 근거가 부실했다.

보수 개신교계가 이런 반응을 보인 이유 중에는 특정 대상에 대한 '반대'를 명확히 해 자신들을 중심으로 한 종교적 결속력을 강화하려는 목적이 있었다. 즉, 이익의 추구를 '종교적 대의'로 포장한 것이다. 이들의 이런 전략은 특정 대상에 대한 '혐오' 논리를 유포하는 것으로도 실현되었는데, 성소수자에 대한 태도가 대표적이다. 보수 개신교계는 성소수자들을 성적 타락과 방종의 진원지처럼 묘사하고 구원받아야 할 존재로 규정하면서 이들을 구제하고 갱생하기 위한 교회의 사회적 역할을 주장했다. 그것은 신을 따르는 자로서 무지한 대중을 구원해야 할 책임이 있다는, 다시 말해 양 떼를 올바른 방향으로 모는 목자가 되어야 한다는 사명감으로 이어졌다. 이런 세계관을 가진 사람들로서는 차별금지법이나 난민을 수용하자는 주장은 대중의 무지이자 사탄의 시험이며, 당장 막아내야 할 현실의 문제인 것이다.

이슬람 국가에서 온 난민들도 같은 방식으로 혐오의 대상이 되었다. 모든 무슬림은 종교적 이유로 경제적·문화적 발전이 지체되어 여전히 전근대적 생활양식을 갖고 있으므로 우리 사회가 이를 감당할 수 없다는 것이다. 무슬림은 매사를 폭력으로 해결하려 하고 테러리즘으로 귀결될 수 있다거나 여성을 동등한 존재로 보지 않고 성차별, 성폭력이 만연한다는 식의 주장이 일부 자극적 사건들과 함께 제시되었다.

이런 논리는 엄연히 인종주의적인 것이다. 범죄를 저지른 사람들이 난민일 수는 있겠지만, 난민이기 때문에 곧 범죄자인 것은 아니기 때문이다. 이를테면 세계적 명성을 얻고 있는 난민 구호단체 직원이 난민을 대상으로 성범죄를 저지른 사건은 어떨까?

이 사건을 근거로 '난민 구호는 곧 성범죄'라는 도식을 받아들이는 것은 합리적일까? 아니다. 그렇다면 테러리스트나 성범죄자가 무슬림이었다는 이유로 무슬림 일반이 그렇게 취급되는 것 역시 합리적이지 않다. 이렇게 비합리적 이유로 차별을 정당화하는 것을 우리는 인종주의라고 부른다. 자유주의적 가치관을 사회 구성의 근간으로 삼는 근대 사회에서 인종주의는 거부해야 할 대상이라는 것이 상식이다. 따라서 보수 개신교계의 흑색선전이야말로 우리 사회가 용납할 수 없는, 시대에 뒤떨어진 주장이라고 할 수 있다.

흥미로운 것은 '난민 반대'라는 구호를 외치는 사람들도 이 점을 잘 알고 있다는 것이다. 이들에게 '난민 반대' 구호가 시대에 뒤떨어진 것이 되지 않게 하기 위해서는 스스로의 행위를 보수 개신교계의 맥락과 구분할 필요가 있었다. 그래서 난민에 대한 반감을 안전과 공정성의 문제로 설명하기 시작했는데, 이것이 '난민 반대'의 두 번째 맥락이다.

당시 난민 반대 집회의 주최자는 "우리는 진보도 보수도 아니고, 인종혐오자는 더더욱 아니다"라고 주장했다. 다만, '외부자'인 난민을 받아들이면 이들을 인도적으로 지원하는 데 필요한 비용이 결국 국민의 부담으로 돌아온다는 점에서 문제라고 했다. 이렇게 유입된 난민들이 치안 문제라는 추가 비용을 발생시킨다. 국민은 세금을 내는 대가로 국가의 서비스를 제공받고 있는데,

난민은 어떤 부담도 짊어지지 않는데도 같은 혜택을 받는 것은 불공정하다. 이러한 주장에 더해 '가짜 난민'이라는 개념도 등장했다. 스스로를 난민이라고 주장하는 예멘인들이 실제로는 자기 나라에서 잘 먹고 잘살 수 있는 처지인데도 불구하고 오직 더 나은 경제적 이득을 위해 '난민'의 탈을 쓰고 거짓말을 하고 있다는 것이다.

물론 난민 지위 인정을 요구하는 사례 중 여기에 해당하는 것이 절대 없을 것이라고 말할 수는 없다. 국가가 나름대로 난민 지위를 부여하기 위한 심사를 진행하는 것은 그래서다. 한국의 경우 이 심사 과정이 '진정한 난민'도 수용하지 않는 핑계가 되고 있다는 지적도 있다. 또 예멘에 내전과 외세의 개입이라는 현실적 위협이 존재하는 것은 엄연한 사실이다. '가짜 난민'이 있을 수 있다는 우려를 전면적으로 제기할 만한 상황은 아닌 것이다.

그럼에도 이런 개념을 근거로 '난민 반대'를 외치는 것은 어떤 의미일까? 그것은 일종의 사전적事前的 복수에 해당한다. 주식으로 따지면 공매도에 비유할 만하다. 아직 일어나지 않은 일 또는 확정되지 않은 불의를 두고 우리가 피해를 볼 수 있으니 미리 그러한 일이 일어났다고 전제하고 대응에 나서야 한다고 주장하는 것이다. 이런 주장이 횡행하는 이유는 무엇일까? 아무리 예멘 난민이 우리 공동체에 실제로 피해를 입힌다고 해도 살 곳을 잃은 사람들을 그저 '돈'을 이유로 내쫓는 것은 인간적이지 않다. 따라서 인류을 저버리지 않으면서도 난민을 내쫓을 수 있다고 주장할 근거가 필요한데, '가짜 난민'은 여기에 꼭 알맞은 개념이다. 결국 손해를 방지하기 위한 주장을 대의로 포장하려는 시도의 일환이 아닌가?

'가짜 난민'이라는 개념이 정치 논리와 결합한 결과물은 앞서 살펴본 여자 아이스하키 남북 단일팀이나 암호화폐 문제에서 우리가 발견한 것과 거의 동일한 형태다. 정권이 '난민 수용'이라는 허망한 명분을 핑계로 실제로는 정치적 이득을 추구하고 있는데, 이를 위해 희생되는 것은 국민의 이익이라는 것이다. 그러나 앞서 보았듯이 이 경우 오히려 '난민 반대'를 위해 동원된 개념과 논리들이야말로 각자의 손해를 방지하기 위하여 제시된 서사였다고 보아야 한다. 이런 식의 접근은 비정규직이라는 이유만으로 쉽게 정규직 전환을 해서는 안 되며 정규직 입사자와 똑같은 채용 절차를 거쳐야 한다거나, 수능 정시 확대와 학생부종합전형 폐지로 공정한 경쟁을 가능하게 만들어 달라는 요구 등에서도 똑같이 반복되었다. 공동체가 해결해야 할 문제를 각 개인의 이해관계로 치환하고 최대한 자신에게 유리한 결과를 유도하기 위해 '대의'를 동원하는 정치적 구호의 형성이 일반화된 것이다.

이런 현상은 '이권의 대의명분화'라고 불러도 될 것 같다. 손익 관계를 대의명분으로 포장하는 세태는 대의명분이 오직 포장지로만 쓰일 뿐, 그 자체로는 아무런 영향력을 갖지 못한다는 것을 보여준다. 대의명분이 우리 공동체의 어떤 거스를 수 없는 법칙이라면, 이 법칙을 뒤집기 위해 오히려 대의명분의 지위를 역이용하는 일은 있을 수 없을 것이다. 그러나 앞의 사례에서 반복하여 확인되는 주된 논리는 상대가 말하는 '대의'는 이미 핑계이므로 '나'의 주장도 '대의'를 따를 필요가 없다는 것이다. 이러한 논리는 상대가 말하는 대의가 핑계에 불과한 것인지 명확히 확인된 바 없어도 일반적으로 활용된다. 즉, 상대의 진정성에 대한 의심은 진위를 판별하기 위해서가 아니라 오직 '내 주장'의 근거를 위해 필요할 뿐이다. 이것은 어떤 면에서 자기기만이다. 이런 인식 속의 대의명분은 '무가치' 그 자체다.

'검찰개혁'이라는 주제에서도 이런 논리가 포착된다. 검찰을 개혁하는 것은 필요하다. 이 정권이 검찰을 개혁하기 위해 내놓은 여러 과제에도 각각의 정당성이 있다. 그런데 앞의 장에서 정치적 논쟁거리로서의 '검찰개혁'은 구체적 과제들이 중요하다기보다는 '검찰에 대한 반대'가 핵심이 되고 있다고 평가했다. 그렇다면 '서초동 촛불'이 거의 모든 수단을 동원해 검찰을 반대해야만 하는 근본적 이유는 무엇인가? 전 정권 관계자든 현 정권의 실세든 혐의가 있다면 가리지 않고 수사해야 한다는 검찰의 주장은 왜 늘 거짓일 수밖에 없는가?

'서초동 촛불'은 검찰의 항변에 진정성이 없다는 결정적 증거를 갖고 있다. 그것은 검찰의 '진정성'을 믿고 독립성을 보장해 주려

했던 노무현 전 대통령의 비극적 사망이다. 검찰의 과잉수사로 전직 대통령이 사망한 것은, 지지자들의 입장에서는 복구할 수 없는 손해, 즉 '영구적 피해'이며 검찰의 불순한 의도를 증명하는 절대적 증거다. 따라서 '서초동 촛불'은 이 피해를 되갚아 주기 위해 무엇이든 할 준비가 되어 있는 것이다. 이러한 서사는 언뜻 보기에 대척점에 서 있는 것처럼 보이는, '반-보수'에서 '반-진보'로 변화하는 '스윙 보터'와 '서초동 촛불'이 실은 같은 인식의 기반 위에 서 있다는 사실을 보여준다.

예멘 난민도 우리 책임이다

이런 상황에서 벗어나려면 어떻게 해야 할까? 손익 관계로 분절되어 있는 정파적 인식을, 공적이며 통합적이고 세계적인 인식으로 확장할 필요가 있다. 다시 예멘 난민 문제로 돌아와 보자. 앞에서 서술한 '난민 반대' 시위의 개념이 설득 가능해지려면 한국 사회가 세계적인 난민 문제로부터 분리된 '완벽한 외부'여야 한다. 우리는 난민 발생에 어떠한 책임도 없으며 우리끼리 얼마든지 잘 살 수 있는데 외부로부터 온 난민이 우리의 평화로운 질서를 훼손하고 부담을 안긴다는 것이기 때문이다. 이런 경우에도 우리는 어떤 종류의 인류애를 발휘해 난민을 포용하는 결단을 내릴 수 있다. 즉, 우리가 난민의 기준에서 볼 때 '완벽한 외부'라면 난민 포용은 도덕이나 윤리의 문제일 것이다.

그러나 복잡한 세상사는 어떤 세계적 문제로부터 우리를 쉽사리 자유롭게 해주지 못한다. 난민 발생의 원인이 된 예멘 내전은 몇 겹이나 겹쳐진 문제에 따른 중동 국가들 간의 힘겨루기 양상이 그대로 반영되었다. 예멘은 이념 갈등과 지역별 분리주의 때문에 장기간 내전을 겪은 나라인데, 여기에는 사우디아라비아와 이란 간의 갈등이 결정적으로 투영되어 있다. 이 맥락에서 주변국 중 가장 적극적으로 예멘 내전에 개입하고 있는 나라가 아랍에미리트다.

아랍에미리트는 최초에 예멘 정부군의 장악력을 높이려는 사우디아라비아 주도의 연합군에 참여했지만 남부 분리주의 세력을 후원하면서 독자적 행보를 병행해 사태 해결을 더욱 어렵게 만들었다. 아랍에미리트는 참여정부 시기부터 한국과 우호적 관계를 맺어왔고, 특히 군사 분야에서는 아크 부대를 파병하는 등 상당한 수준의 협력을 진행하고 있었다. 국방부가 2016년 11월 11일 언론에 배포한 자료에 따르면, 파병 이전 5년간 393억 원 규모였던 한국의 대아랍에미리트 무기 수출액은 파병 후 5년간 1조 2000억 원 수준으로 늘어났다. 아랍에미리트 군사력의 강화는 상대편의 대응을 극단적 수준에 이르게 했고, 더 많은 난민을 발생시켰다.

즉, 예멘 난민의 발생은 한국이 아랍에미리트와의 군사적 협력을 통해 경제적 이득을 추구한 것의 간접적 영향일 수 있다. 사태를 이렇게 서술한다면 난민 포용이라는 과제는 도덕이나 윤리의 문제라기보다는 '책임'의 문제에 가까워진다. 즉, 예멘 난민을 포용하는 것은 단지 착한 사람이 되는 것이 아니라 해야 할 몫을 감당하는 일이다.

이런 인식에 도달하기 위해서는 예멘 내전의 역사나 중동의 정세, 한국의 국방협력 등의 현실에 접근할 수 있어야 한다. 그러나 그것은 실제로 국가를 통치하는 엘리트 관료나 정치인들이 감당할 문제일 뿐, 다수의 일반 사람들에게는 외면의 대상이다. 국가의 정책 또는 정치인의 발언, 정치 세력의 행보가 우리가 미처 알지 못하는 중요한 사실을 근거로 한다고 믿는 사람들은 많지 않다. 난민 문제에 대한 우리의 책임을 구성하는 복잡한 현실은 기득권이 우리를 속이기 위해 내놓는 핑계에 불과한 것처럼 취급되기 십상이다. 대중이 공유하는 정치적 담론이란 서로 속고 속이는 것이 정치의 본질이라는 인식을 벗어나지 않는다. 정치인의 행위는 결과적으로 자신의 이득을 위해 남을 속이기 위한 의도이며, 이렇게 속은 것에 대한 복수라는 맥락에서만 설명된다. 그것은 우리가 스스로 정치적 책임을 통감하기 어려운 구조의 하나로 기능하고 있다.

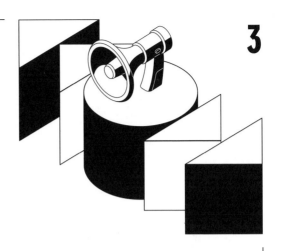

3

팬덤 정치와 기술자들

속고, 속이는, 속고, 속이는 무한 반복

'정치로부터 속았다'는 담론은 다수의 사람들이 주류 정치로부터 유리된 현실과 밀접한 연관성을 가진다. 대의민주주의는 '유권자의 권리'를 존재 기반으로 하지만 특별한 일이 아닌 이상 주류 정치에서 실제 유권자들의 의사는 흔히 정치 외적인 것으로 취급된다. 이렇다 보니 '정치적 권리'를 어쨌든 형식적으로나마 가지고 있는 유권자는 정치가 자기 뜻대로 움직이지 않고 오히려 손해를 끼칠 때 '속았다'는 감정을 느낀다. 많은 경우 유권자가 좀 더 적극적으로 의사 표현에 나설 때는 자신이 '속은 일'을 바로잡기 위해서다. 사람들이 2017년 촛불시위에 기대한 것도 그런 역할이다. 그러나 정의는 하루아침에 실현되지 않기 때문에 '속은 일'을 바로잡자는 주장 역시도 정파적으로 된다. 이런 현상은 곧 '상대가 속임수를 쓰니 우리도 수단과 방법을 가리지 말아야 한다'는 인식으로 이어진다. 여기서 정치는 공동의 문제를 해결하기 위해 책임을 나누고 대안을 모색하는 과정이라기보다는 각자가 속한 정파의 승리를 위해 수단과 방법을 가리지 않는 비정한 승부로 변질된다.

'드루킹 사건'은 이런 정치관이 파국으로 이어진 사건이다. 예를 들어 인터넷 공간의 '댓글'을 활용한 전형적 불법 선거운동은 이를 실행할 조직에 선거 캠프가 비공식적 자금을 대가로 지불하는 것으로 이루어진다고 볼 수 있다. 그런데 이 사건은 이러한 전형성과는 거리가 멀었다. 지금까지 밝혀진 바에 따르면, 선거 캠프의 누구도 드루킹 일당에게 금전적 대가를 제공하지 않았다. 오히려 드루킹 일당은 김경수 경남도지사를 통해 자신들이 모은 선거자금을 전달했는데, 이는 다소 황당한 내용으로 이루어진 자신들만의 정치적 비전을 실현하기 위하여 선거운동에 조직적으로 결합한 것으로 해석되고 있다.

선거가 끝나고 나서 김경수 도지사가 드루킹 일당의 일원을 일본 센다이 총영사로 추천한 것은 불법적 선거운동의 대가로 볼 수도 있지만, '같은 편'끼리의 '논공행상' 차원으로도 볼 수 있다. 만일 불법적 선거운동에 대한 또 다른 대가가 있었다면 이 사건은 이견의 여지가 없는 일이 되었을 것이다. 그러나 그렇지 않았기 때문에 두 가지 차원의 명확한 구분은 어려워졌다. 드루킹 일당은 김경수 도지사에게 불법을 위한 '댓글 기계'를 보여주었다고 주장하지만, 김경수 도지사는 합법적인 '선플 운동'을 하는 줄 알았다고 반론했다. 하지만 대법원은 김경수 도지사와 드루킹 일당이 '공모'했다는 점을 인정했다. 그러나 이러한 법적 결론과 별개로 드루킹 일당이 '용병'으로서 불법 선거운동이라는 공작을 감행한 것인지, 아니면 지지자로서 극성스러운 방식의 선거운동을 한 것인지는 '회색 지대'에 있다고 볼 수 있다.

그러나 드루킹 일당이 수작업으로 했든 기계를 동원했든 포털 사이트의 뉴스 기사에 조직적으로 댓글을 달고 있다는 사실 자체를 김경수 도지사가 몰랐던 것은 아니다. 포털 사이트 뉴스 기사의 댓글을 '여론'을 반영하는 도구로 보는 사회적 인식을 고려하면, 이 '여론'을 인위적으로 형성하고 결과적으로 왜곡한 행위는 어떻게 보아도 정치윤리적으로 비난받아야 할 사안이다. 그러나 이 사건의 관계자들은 별일 아니라는 듯한 반응이다. 요컨대 '죄는 아니지 않느냐'라는 것이다. 하지만 죄가 아니라는 이유로 모든 것이 용인될 수는 없다. 정치 행위의 정당성은 죄가 되는지로만 따질 일이 아니다. 이것은 구태여 길게 설명할 필요도 없다. 따라서 여기서는 이 사건을 '문제없는 일'로 포장하는 논리의 핵심을 따져보아야 한다.

조직적 댓글 달기가 용서받을 수 있는 이유가 있다면, 그것은 무엇인가? 선거철에 어느 편이나 하는 일이라는 것이 답이다. 드루킹 일당은 '댓글 기계'의 개발을 공식화하면서 보수 정치는 더 심각한 수준으로 여론 왜곡을 하고 있다는 논리를 주장한 것으로 알려졌다. 실제 포털 사이트의 댓글은 '알바'라는 등의 비아냥에서 보듯이, 오랫동안 불신의 대상이 되어왔던 것이 사실이다. 주로 '알바'를 동원한다는 의심을 받은 쪽은 인터넷 여론에서 열세였던 보수 정치 세력이다. 보수 정권에서는 아예 국정원이나 군 사이버사령부 등의 국가기관이 여론 조작에 나선 사례도 있다.

이런 행위들은 법적 단죄의 대상이지만 수사기관과 사법부, 심지어 정부 스스로가 책임을 제대로 묻는 것에 성공했다고 보기는 어렵다. 실행에 직접적으로 관여한 인사들이 '꼬리 자르기' 식으로 대신 책임을 진 경우가 대부분이다. 이런 현실이 선거공학으로 가득 찬 세계관에 증명하는 것은 무엇일까? 정치윤리라는 대의명분을 떠나 순전히 손익 관계로만 본다면, 모두가 상대를 속이는 세상에서 정직해야 한다는 원칙의 고수는 손해를 자처하는 것이나 다름이 없다. 이상을 고집하는 것에 대한 보상은 없고, 현실을 빌미로 이득을 추구하는 것에 대한 제재는 작동하지 않는다. 결국 선거는 누가 얼마나 잘 속이느냐의 게임이고, 따라서 댓글 조작은 '있을 수 있는 일'인 것이다.

동전의 양면: 팬덤과 정치 기술자들

그런 면에서 이 사건은 정치에 대한 냉소가 정파적 이득 추구로 전화되는 과정과 그 결과를 보여주고 있다고 볼 수 있다. 상황을 쉽게 이해하기 위해, 어떤 지지자의 존재를 가정해 보자. 어떤 정치인이나 정치 세력을 지지해야겠다는 마음을 먹은 지 얼마 안

된 지지자들의 의도는 순수하다. 이들이 가진 열정의 동력은 대의명분을 핑계로 오직 사익 추구에만 몰두하는 현실 정치를 바꿔야 한다는 믿음이다. 세상을 바꾸겠다는 개혁가들은 부패하느라 무능한 정치와 청렴하고 능력 있는 정치를 대비시키며 언제나 이런 믿음에 부응하는 구호를 외친다.

과거 통치가 소수 지배계층만의 전유물이었을 때에는 이런 구호만으로도 개혁의 당위를 설명할 수 있었다. 즉, 여기서 '개혁'이 실제로 무엇인지에 대한 설명은 중요하지 않고 '개혁의 대상'이 진정성 없는 존재라는 것을 증명하는 것만이 핵심이다. 진정성 없는 존재를 통치자의 권좌에서 몰아내고 세상을 올바로 다스리겠다는 진정성이 충만한 이들을 대신 그 자리에 앉혀야 한다. 애초에 '소수 지배계층'에 속할 수 없었던 개혁가들은 이런 주장으로 목소리를 높일 수 있다는 것 정도로 만족해야 했다.

그러나 민주주의가 발전하고 개혁가들 역시 통치에 참여할 수 있게 되면서 상황은 달라졌다. 만악의 근원인 것처럼 묘사했던 '부패한 권력'과 통치에 참여하는 개혁가가 어떻게 다를 수 있는지를 스스로 증명해야 하는 처지에 놓인 것이다. 그러나 '부패한 권력'이 오로지 '부패해야 한다'는 의지만으로 부패하게 되는 것은 아니다. 개혁가들 역시 통치 구조의 일원이 되면 같은 문제를 겪는 일이 비일비재하다. 따라서 대의명분을 핑계로 사익을 추구하는 부패한 권력이 문제라는 개혁가들의 구호는 자기 자신을 향한 칼이 되어 돌아온다. 대의민주주의가 자리 잡은 오늘날 '내로남불'이 정치권력을 향한 비판적 수사의 대표로 자리매김하게 된 것은 결코 우연이 아니다.

앞서 우리가 가정한 순수한 열정을 가진 지지자라면 이런 현실을 목전에 두고 어떻게 처신해야 할까? 여기에는 두 가지 길이 있다. 첫째는 심지어 개혁가조차 부패로부터 자유로울 수 없다는 현실을 수용하고, 부패한 개혁가를 응징하는 것보다는 거악의 처단이 더 시급하다는 명분으로 더 나은 정치적 수단과 기술을 강구하는 비정한 기술자가 되는 것이다. 둘째는 개혁가들에게 '너희도 똑같다'라는 정치적 사형선고를 내리고, 믿었던 정치로부터 배신당한 '피해자'가 되는 것이다. 이것은 말하자면 정치적 냉소주의의 길이라고 할 수 있다.

오늘날 쉽게 볼 수 있는 정치적 기술에 편향된 담론들과 '팬덤 정치'는 첫 번째에 해당하는 선택의 결과로 볼 수 있다. 사람들이 말하는 '팬덤'은 한 개인을 신격화해 무조건적인 사랑을 보내는 비이성적 대중이다. 그런데 '팬덤'의 내부를 실제로 들여다보면, '팬'들은 자기가 사랑해 마지않는 대상에게 무엇이 이득 또는 손해가 되는지 합리적으로 판단하고 행동한다. 즉 비이성적이라기보다는 목표를 관철하기 위해서 최선의 합리적 선택을 하려는 노력을 기울인다는 것이다.

예컨대 세계적 아이돌 그룹인 BTS의 팬들은 흔히 보편적 가치의 추구나 세계시민주의를 지향하는 듯한 행태를 보인다. 그러나 그렇다고 해서 BTS나 그 팬들이 그러한 가치의 추구를 제1의 목표로 놓고 있다고 말하기는 어렵다. BTS는 보편타당한 가치를 추구할 목적으로 만들어진 어떤 정치 세력이나 종교가 아니다. 그럼에도 BTS와 팬들이 이런 전략을 취하는 이유는 무엇인가? 이런 이미지를 추구하는 것이 세계적 팝스타라는 시장지배적 위치를 유지·강화하는 데 가장 유리한 결과를 가져오기 때문이다.

예컨대 '히로시마 원폭 티셔츠 논란'을 보라. BTS의 한 멤버가 민족주의적 메시지를 강조하기 위해 히로시마 원폭 사진을 활용한 옷을 입은 일이 있다는 이유로 일본 방송에서 출연 배제된 것은 어떤 익숙한 장면을 떠올리게 한다. 민족적 애국자가 제국주의 권력에 탄압을 당하는 장면이 그것이다. 이 사건은 한국 사법부의 강제 동원 판결 여파 이후 점화되었다는 점에서 일본의 행태는 극우적인 것이며, 따라서 역사적 식민 지배 경험이 있는 한국인은 반발할 여지가 충분했다. 실제로 BTS 팬덤 내부에 이런 움직임이 없는 것도 아니었다. 그러나 핵무기는 민족주의를 넘어 보편적 차원에서 반대해야 할 문제라는 주장이 힘을 얻었고, 소속사도 이를 근거로 사과 입장을 밝혔다.

만일 BTS가 국내 시장만을 고려할 수 있는 처지였다면 이런 판단을 내렸을까? 그렇지 않았을 것이다. 하지만 BTS는 세계적 수준의 팝스타다. 글로벌 엔터테인먼트 업계의 시각에서 일본 시장은 무시할 수 있는 규모가 아니다. 따라서 사과의 명분은 물론 시장원리에 비추어 보아도 합리적 선택이다. 이 사례에서는 명분과 이익이 일치된 방향을 향했기 때문에 소속사와 팬들 모두가 올바른 선택을 할 수 있었다. 하지만 명분과 이익이 상충하는 사례가 발생한다면 소속사와 팬들의 대응은 어떻게 될까? 아마도 상황은 달라질 것이다.

가치를 추구하는 주체라는 점에서 BTS 팬덤의 비이성적 측면이란, 가치의 실현을 위해 반드시 BTS가 잘나가는 팝스타여야 할 이유는 없는데도 모든 것을 BTS의 유불리에 초점을 맞춰 판단해야 한다는 점일 것이다. 즉, '팬덤'은 지지 활동을 할 대상을 정하는 데 있어서는 합리성을 배제하지만, 지지 대상을 결정한 다음에는 가장 많은 이득을 거둘 수 있는 선택을 위해 합리성을 도구적으로 동원한다. 이것은 목표와 수단이 도착倒錯된 것이다.

정치인에 대한 팬덤도 이와 유사한 메커니즘을 거친다. 정치에 이상적 지지자가 있다면, 그는 정치인이 자기가 공언한 가치를 충실히 따르고 있는지를 지지의 기준으로 생각하는 자일 것이다. 하지만 '팬덤'에서 그런 것은 중요하지 않다. 오직 중요한 것은 지지하는 정치인의 유불리인데, 심지어 이 판단 기준에는 정치인 자신의 행위도 포함된다. 정치인의 능력은 자신이 주장하는 가치를 얼마나 현실에 반영되게 했는가보다는 권력을 얼마나 효과적으로 장기간 유지했는지를 통해 증명된다. 팬덤이 팝스타를 노래나 춤은 물론 외모나 하다못해 손짓 하나에 담긴 의미로 평가한다면, '팬덤 정치'는 정치인이 현실에서 갖는 '힘'을 '실력'으로 평가하고 이를 다시 지지의 근거로 내세운다. 정치인에 이런저런 장점이 있기 때문에 많은 사람이 지지하는 것이 아니라, 많은 사람이 지지하는 정치인이기 때문에 여러 장점의 존재가 증명된다는 것이다. 이런 세계관이 전제하는 것은 역시 '모두가 똑같다'라는 현실 인식이다. 내가 지지하는 정치인이 정치적 이득을 위해 스스로가 주장했던 가치를 배신해도 '팬덤'이 용인하는 것은 애초에 정치인이 자기가 공언한 가치를 끝까지 지키는 정치란 불가능하고, 남는 것은 그 정치인이 얼마나 세속적으로 성공했는가뿐이기 때문이다.

그렇다면 '팬덤'의 첫 번째 결단, 즉 누구를 지지할지는 어떻게 결정되는 것일까? 연예인이라면 그 대상을 실질적으로든 정서적으로든 선택하거나 구매하는 것으로부터 결단이 시작되지만, 정치에서는 메커니즘이 조금 다르다. 앞서 보았듯이 기본적으로 정치는 속고 속이는 일이 일반화되어 있는 세계다. 정치인 누구라도 '팬덤'에 속한 '나'를 속일 수 있다. 아이돌 가수 팬들이 대중에 드러나지 않았던 실망스러운 모습에 등을 돌려야만 하는 일들이 일상적으로 일어나는 것이 정치판이다. 이런 환경에서 누구를 믿고 지지할 수 있겠는가? 따라서 어떤 정치인에 대한 '팬덤'이 형성되기 위해서는 '나'를 절대로 속일 수 없는 확정된 기준, 즉 부정할 수 없는 지지 요소가 있어야 한다. 대개 그것은 어떤 '피해'나 '손해'를 동반하는 물리적 차원의 것이다.

예컨대 '문재인 팬덤'에서 이것은 노무현 전 대통령의 죽음이었다. 검찰과 결탁한 보수-기득권 정치가 노무현 전 대통령을 사망하게 만들었다는 것은 부정할 수 없는 사실이다. 따라서 검찰 및 보수-기득권 정치를 수단과 방법을 가리지 않고 반대해야겠다는 결의가 '문재인 팬덤'을 구성하는 의미망의 중심이라고 볼 수 있다. 같은 의미에서 '세대교체'를 요구하는 '팬덤 정치'의 핵심은 생물학적 연령이다. 여기에는 '젊은 세대'가 기성세대의 기득권 정치에 '피해'를 보고 있으므로 이를 구제해야 한다는 서사가 동반된다.

이러한 '팬덤 정치'의 반대편에 있는 것은 무엇일까? 앞서 가치의 추구가 지지 대상의 유불리에 종속되는 게 '팬덤 정치'라고 했으므로, 그 반대편에는 유불리에 얽매이지 않고 타협 없이 가치를 추구하는 정치가 존재해야 할 것이다. 현실의 사례를 놓고 보면 영국 노동당의 제러미 코빈Jeremy Corbyn이나 미국의 버니 샌더스Bernie Sanders 같은 류의 정치인이 여기에 해당한다. 이들은 정치적으로 불리한 상황 속에서도 고집스럽게 원칙적 주장을 고수한 끝에 비주류로 전락했고, 말년에 가서야 잠시 빛을 볼 수 있었다.

그러나 한국 정치 담론의 구도는 오히려 이런 원칙주의자들과 '팬덤 정치'를 똑같은 '극단주의'로 분류한다. 이 '극단주의'의 대척점에 서 있는 것은 정치적 실증주의를 신봉하는 '정치 기술자' 들이다. 여기서 '정치 기술자'란 정치의 본질이 어떤 신념이나 열정이 아니라 현실에 대한 이런저런 조작manipulation에 있다고 믿는 부류의 사람들이다. 오늘날의 '정치 기술자'들은 '팬덤 정치'를 신랄하게 비판하는데, '팬덤'이 특정 정치인에 대한 무비판적 태도를 보이면서 정치적 기술이 유연하게 발휘될 공간이 협소해졌다는 취지에서다. 정치는 문제의 해결책을 실질적으로 모색하기 위한 타협의 예술이고 선거로 본다면 중도적 지지를 획득해 다수를 포용하는 것인데, '팬덤'은 극단적 지지층만을 대상으로 한 정치 행위를 강요한다. 이 때문에 대립과 갈등이 정치의 전부인 것처럼 된 것이다. 따라서 정치인은 팬덤에 기댈 것이 아니라 타협의 모색과 중도 장악을 위한 정치 기술을 숙련하여 현실 문제 해결을 위해 노력해야 한다.

이런 주장은 일견 지지 대상의 모든 것을 정당화하는 데만 초점을 맞추는 '팬덤 정치'에 대한 올바른 비판인 듯 보인다. 그러나 정치적 기술이란 궁극적으로 무엇을 위한 것인지를 떼놓고 생각할 수 없다는 점에서 이런 주장의 앞뒤를 더 따져볼 필요가 있다.

이를테면 '타협'이란 자신이 고수하는 원칙을 일부 양보하는 것이라는 점에서 '점진적 개혁'이라는 목표와 쉽게 짝을 이룬다. 그런데 '점진적 개혁'이라는 개념은 '완전한 개혁'이라는 결과물을 전제할 때에야 가능하다. 그런 점에서 원칙주의자라 할지라도 원칙을 말 그대로 앵무새처럼 되풀이하며 자기 주장만 완고하게 고집하는 정치인은 사실상 존재할 수 없다. 앞서 예로 든 제러미 코빈이나 버니 샌더스 같은 경우도 마찬가지다. 코빈은 당수로서 정치적 판단에 따라 브렉시트에 대한 입장과 목표를 애매모호하게 제시해 총선에서 유리한 고지를 점하려 했다. 이런 시도는 애석하게도 역효과를 냈다. 샌더스도 무소속 상원의원인데도 현실 권력을 쟁취하기 위해 자신이 기득권 정당의 하나로 비판해 온 민주당의 대선후보 경선에 뛰어들었다. 물론 결과는 모두가 알다시피 낙선이었다.

어찌 보면 '타협'은 정치의 숙명이며, 거부할 수 없는 것이다. 타협이 늘 불가피하다면, '타협의 예술'과 '완고한 고집'을 가르는 기준은 무엇일까? 막스 베버Max Weber식으로 말하자면 신념윤리와 책임윤리의 충돌이 반영된 것처럼 보이지만, 현실 정치는 이런 고상한 논쟁 구도 속에 존재하지 않는다. 단적으로 뭔가 협상을 했을 때 결과가 좋으면 '타협의 예술'이고, 실패하면 '완고한 고집'이 되어버리는 것에 가깝다. 협상의 성공 여부는 기술의 숙련과는 대개 별개다. 탁월한 정치 기술의 소유자가 투입되더라도 결과는 좋지 않을 수 있다. 주요 정당의 원내대표직을 3, 4선의 중진급이 맡아도 성과가 나지 않는 사례가 부지기수다. 반면 '신진 인사'라 불리는 아마추어들이 의외의 성과를 내는 경우도 있다. "평화를 원한다면 전쟁을 준비하라"라는 말도 있듯이, 타협을 향한 의지가 반드시 성공적 협상을 담보하지는 않는다.

극단주의라지만 그것이 타협이든 뭐든 남들이 다 좋게 평가하는 일에 반발하는 팬덤은 드물다. '팬덤 정치'의 수혜자로 꼽히는 문재인 대통령이 정책에 있어서 주류 기득권이라 볼 수 있는 관료를 중용하고 진보적 정책을 추진하는 과정에서 현실과 타협한다 해도 '팬덤'은 이를 비판하지 않는다. 이 점에 있어서는 '정치 기술자' 역시 마찬가지 행태를 보인다. 타협은 어쨌든 꼭 필요한 것이기 때문이다.

'팬덤 정치'의 폐해가 극심해지는 것은 팬덤의 대상이 관철해야 할 목표를 밀어붙여 손해를 감수해야 하는 일이 벌어지는 때다. 정치적 반대파에 대한 사이버 테러나 가짜 뉴스를 동원한 여론몰이 등이 이런 맥락에서 행해진다. 이런 행태의 본질은 정치적 손해를 완력을 동원해 '손해가 아닌 것'으로 뒤바꾸는 것이다. '정치 기술자'들은 이것을 정치적 기술의 부재로 보지만, 오히려 정치적 리스크를 최소화하려는 '기술'이다. 여기서 '정치 기술자'와 '팬덤 정치'가 어떤 종류의 공통 지반을 갖고 있다는 점이 드러난다.

이런 점에서 보면 한국 정치의 문제는 타협의 여지가 없는 것이 아니라 '목표'가 부재한 것에서 온다고 해야 할 것 같다. 특정 정치인의 세속적 성공 여부나 정치적 기술의 숙련은 본질적 측면에서 정치의 목표가 될 수 없다. 공인된 권력의 장악과 다수의 지지를 받는 선거의 결과는 말 그대로 수단일 뿐이다. '정치 기술자'들이 주장하는 대로 현실의 문제를 해결하기 위한 방편에 합의하는 것이 정치의 목표라면, 정치인 자신이 제시할 수 있는 가치와 철학을 분명히 하는 것이 먼저다. 그러나 이런 문제는 현실 정치의 논의에서 그다지 중요하지 않게 여겨지고, 가치와 철학을 반영한 '완고한 고집'은 앞 장에서 본 것과 같이 정파적 이익과 직결된 문제에서만 작동한다. 이 과정에서 '팬덤 정치'는 정파적 손해를 최소화하는 '기술'로서 동원된다. 이런 모든 과정이 어차피 정치는 속고 속이는 기술에 관한 문제라는 정치관을 통해 정당화된다. 이것이 한국 정치의 현실이다.

동전의 양면: 진정성과 음모론의 정치

그렇다면 '정치 기술자'와 '팬덤 정치'가 사실상 같은 지반 위에 있음에도 불구하고 서로 적대하는 이유는 무엇일까? 그것은 '진정성'에 대한 태도라고 할 수 있다. 이를테면 '팬덤'은 적어도 대외적으로는 자신들이 지지하는 정치인의 진정성을 의심하지 않는다. 앞서 서술했듯이, 정치인이 자기 입으로 자기 주장을 뒤집는 경우에도 마찬가지다. 어떤 경우에도 '팬덤'이 지지하는 정치인의 진정성은 의심의 대상이 될 수 없다.

반면 '정치 기술자'들은 정치인이 진정성을 말하는 것 자체를 오히려 '진정성 없는 일'로 받아들인다. 앞서 막스 베버의 개념에 대한 '정치 기술자'들의 주장은 보통 책임윤리가 신념윤리를 압도하도록 하는 것이 바람직한 정치인이라는 식의 해설을 동반한다. 이런 설명에 의하면 신념윤리만 중시하는 것은 실질적 성과를 낼 수 없다는 점에서 정치인의 길이 아니다. 그럼에도 어떤 정치인이 신념만을 앞세우고 있다면 그것이 의미하는 것은 무엇일까? 실제로 문제 해결을 원하지는 않으면서 인기를 얻기 위해서만 행동하는, 정치인이라기보다는 '연예인'의 정체성을 가진 인물이다. 완고한 원칙주의자들과 '팬덤'의 지지를 받는 정치인은 이 점에서 하나의 부류로 묶인다.

그러나 정치의 본질상 어떠한 정치인도 가능할 수 있다. 각각의 상황과 조건에 따라 필요한 정치인의 자질은 천차만별이라는 것이다. 이불변응만변以不變應萬變은 정치의 현실을 가장 잘 표현하는 말 중 하나다. 변하지 않는 한 가지로 만 가지 변화에 대응하려면 자신의 이념적 정체성을 지키면서 수단과 방법을 가리지 않고 할 수 있는 모든 일을 감당하겠다는 유연한 자세가 필요하다. 대의를 안고 결과를 내기 위해서는 어떤 국면에서는 원칙주의자가, 또 어떤 국면에서는 꾀주머니가 필요하다. 이런 차원에서 정치인의 진정성에 대한 여러 전제와 판단, 논쟁은 중요하지 않다. 하지만 '정치 기술자'와 '팬덤'의 세계관에서는 앞서 언급했듯이 정치인의 진정성이 중요한 자리를 차지하고 있다.

정치가 음모론을 활용하는 방식을 보면 정치인의 진정성이 어떻게 다루어지고 있는지를 더 잘 알 수 있다. 문재인 대통령의 극단적 지지자들은 검찰은 물론 언론, 사법부, 관료, 재벌 등 통치구조를 포함한 기득권 거의 전부가 문재인 대통령에게 손해를 입히기 위한 '불순한 의도'를 갖고 있다고 주장한다. 이들은 기득권의 일원인 사람들이 취한 사소한 행동에까지 의미를 부여해 '불순한 의도'를 증명하는 데 혈안이 되어 있다. 때로는 놀라운 수준에 이르기까지 하는데, 대통령과 악수를 하면서 고개를 얼마나 숙였는지를 비교한다거나 소셜미디어에 올린 글에서 생략된 주어나 목적어를 되살려내 내용을 과잉 해석하는 일 등이 이에 해당한다.

이들이 주장하는 검찰개혁, 언론개혁, 사법개혁, 재벌개혁 등 개혁 시리즈는 기득권의 이러한 '불순한 의도'를 깨부수자는 것이다. 설령 이런 세계관에서 개혁의 수혜자여야 할 문재인 대통령이 관료 출신 경제부총리나 삼성전자 부회장에 대한 지지와 치하의 말을 하더라도 그것은 단지 겉으로 드러난 사실일 뿐, 여전히 문재인이라는 자연인의 마음속 깊은 곳에는 기득권의 '불순한 의도'와 끝없이 싸워야만 하는 고독한 진정성이 자리 잡고 있다는 것이다.

이런 세계관은 다른 정치인의 지지자들도 마찬가지로 갖고 있다. 언론은 박근혜 전 대통령의 열광적 지지층을 문재인 대통령의 지지자들과 동렬에 놓고 비판해 왔다. 실제로 박근혜 전 대통령의 지지층이 만들어내는 온갖 가짜 뉴스들을 보면 문재인 대통령의 극성스러운 지지자들이 하는 일과 비슷한 면이 있다. 그러나 스타일이 완전히 다른 정치인인 이재명 경기도지사나 한때 기성 정치 세력을 위협한 돌풍의 주역이었던 안철수 전 의원 같은 이들의 지지자도 비슷한 행태를 보이기는 마찬가지다.

현재의 사례가 과거에도 비슷하게 존재했다는 것은 이런 현상이 정파의 성격과는 무관하다는 점을 가리킨다. 예컨대 민경욱 전 의원 등의 2020년 총선에 대한 사전투표 음모론을 보자. 이들은 여당의 완승과 보수 야당의 패배가 사전투표의 조작을 통한 결과라고 주장했다. 이런 일이 가능하다면 부정선거를 관철하려는 '불순한 의도'를 가진, 정부와 언론은 물론 지자체 하급 공무원까지 장악하고 효과적으로 통제할 수 있는 강력한 조직이 배후에 있어야 한다. 이런 주장에는 근거가 없고 현실적이지도 않다. 설명이 안 되는 것을 설명하려다 보니 총선에 중국 공산당이 개입했다는 억지까지 등장했다. 이들의 주장이 얼마나 황당했는지, 같은 당 소속의 주요 정치인들조차 공개적 비판에 나설 정도였다. 그럼에도 이들은 '불순한 의도'의 동맹과 싸우는 고독한 전사를 자처하며 미국까지 가서 피해를 호소했다.

투개표에 대한 음모론은 2012년 대선에 대해서도 제기되었다. 방송인 김어준 씨는 2017년 대선 직전 〈더 플랜〉이란 영화를 통해 '불순한 의도'를 가진 거대한 조직의 계획에 의해 2012년 대선

개표가 조작되었다는 취지의 주장을 했는데 파장이 컸다. 김어준 씨는 보안에 취약한 전자개표기 사용을 중단하고 수개표를 할 것을 주장했다. 전자개표기에 대한 음모론과 수개표 주장은 이미 2002년 대선 이후 선거 때마다 제기되었다. 이 점에서 김어준 씨가 한 일은 통계적 착시에 과다한 의미를 부여해 이미 존재하는 수개표 주장에 살을 보탠 것이라고 할 수 있다. 주지하다시피 김어준 씨는 앞서 민경욱 전 의원과 정치 성향이나 출신을 달리한다. 이력에도 차이가 크다. 그러나 투개표에 대한 음모론에서는 본질적으로 동일한 행태를 보였다. 김어준 씨 역시 스스로 보수정당과 언론, 정보기관의 불순한 동맹에 맞서는 히어로처럼 묘사한다.

이런 현상은 전세계적 유행이라고도 할 수 있는데 서구의 '민주주의 선진국'에서조차 비슷한 일들이 일어나고는 한다. 도널드 트럼프Donald Trump 시기 등장한 '큐어넌QAnon'은 현대 미국에 존재하는 정치적 음모론의 종합판이라 볼 수 있다. 도널드 트럼프의 열성적 지지자였던 이들은 세계가 '딥 스테이트'라는, 오직 사익을 추구하기 위한 비선 조직에 의해 움직이고 있다고 믿는다. 대부분의 엘리트들은 이 조직의 하수인인데, 워싱턴 아웃사이더인 트럼프만이 이러한 불의와 싸우고 있다. 이들에 의하면 실제로 트럼프는 대통령직을 수행하는 동안 지속적으로 이 구조에 맞서왔다. '큐어넌' 집단은 도널드 트럼프 또는 그를 반대하는 정치 세력에 소속된 인물들의 사소한 제스처 등을 과대 해석해 이런 주장의 근거로 삼으며 스스로 정당화하는 논리를 강화하고 있다.

이들은 자신들의 주장을 자기들끼리만 통하는 문자의 나열이나 상징 등으로 감추는데, 'QAnon'이라는 표현 자체부터가 그렇다. 이것은 보안상 최상위 인가를 받았음을 나타내는 'Q clearance'와 '익명Anonymous'의 합성어인데, 사태의 전모를 안다고 주장하는 사람이 Q라는 가명으로 '딥 스테이트' 음모론을 게시판에 올린 것에서 유래했다. Q의 지지자들은 그가 탄압을 받고 있다고 생각해 "우리가 Q다We are Q"라는 문구가 적힌 피켓을 들고 선거 유세장에 나가기도 했다.

이들의 이런 행동양식은 상대도 그렇게 하고 있다는 세계관을 전제한다. 트럼프는 물론 음모의 당사자들 역시 손짓 발짓과 고개의 끄덕임, 은근한 눈빛 등 간접적 화법의 제스처에 음모적 방식으로 메시지를 숨겨 의사소통을 한다는 것이다. 여기에는 기득권이 부와 정보를 독점하고 다수를 속인다는 현실 인식이 전제되어 있다. 이들이 볼 때, 기득권 자신들이 추진하는 일을 정당화하기 위해 동원하는 합리적 설명은 오직 남을 속이기 위한 명분으로서만 활용되는 수단이다. 따라서 기득권이 다수를 속인다는 증거를 찾기 위해서는 대외적으로 완전무결한 논리를 갖춘 것처럼 보이는 메시지의 '틈'을 찾아 적극적으로 해석해야 한다. 기득권은 권력을 독점하고 정보를 통제하고 있으므로 이러한 해석을 감행해 진실을 발굴해 내는 사람들은 초법적 방식을 통해 언제든 제거될 수 있다. 따라서 기득권에 맞서는 사람들이 서로 소통하기 위해서는 마찬가지로 메시지를 숨기는 특수한 방식을 동원해야 한다.

숨겨진 메시지 찾기와 음모적 세계관을 뒷받침하기 위한 미봉적 해석이 거듭되자 애초에 트럼프를 끌어 내리기 위해 엘리트 비선 조직이 움직이고 있다는 수준에 불과했던 음모론은 미국 민주당을 파충류 외계인의 지시에 따라 아동에 대한 성범죄 및 인신매매에 나서는 조직으로 묘사하는 우주적 규모의 서사에 이르게 되었다. 음모론의 규모가 커질수록 기득권에 대한 악마화도 강화되었다. 이 음모론들을 정당화하려면 엘리트 기득권은 트럼프와 같은 '스트롱 맨'이 세계 최강대국의 지도자가 되었는데도 건드리기 어려운 절대 권력을 소유한 상태여야 한다. 또한 기득권이 추구하려는 사익 역시 이런 엄청난 위력에 맞는 것이어야 말이 된다. 그러니 얘기가 우주로 가는 것이다.

또 하나 황당한 것은 트럼프와 그 일당들이 보인 태도다. 품격 있는 엘리트 출신 정치인이라면 지지자들이 이런 주장을 하는 것을 나서서 말렸겠지만, 트럼프는 오히려 선거운동 과정에서 이들에 긍정적 신호를 줄 수 있는 언급을 했다. 트럼프는 '큐어넌'들에 대해 "확실한 건 그들이 나를 좋아한다는 것이고, 애국자라는 것이다"라고 했고, '딥 스테이트'라는 단어를 직접 써가며 미국

식품의약국FDA 내 반대파들이 코로나19 백신 개발을 지연시키고 있다고도 했다. 트럼프의 이런 태도는 '손짓 발짓'이나 '은근한 눈빛'과 비교해 훨씬 적극적인 의사 표명이다. '큐어넌'의 눈으로 보면 이것만으로도 음모적 세계관은 사실로 인증된 것이나 다름없다. 음모론자들이 더 활개 칠 수 있는 환경을 만든 것이다.

트럼프의 행동은 선거에 도움이 된다면 음모론이든 뭐든 상관하지 않겠다는 태도가 반영된 것이다. 이것은 불과 10년 전 민주당 대선후보로 나선 버락 오바마Barack Obama와 맞붙었던 공화당의 존 매케인John McCain이 보인 태도와는 정반대다. 존 매케인은 선거 유세 중 지지자 한 명이 "오바마를 믿을 수 없다. 그는 아랍인이다"라고 하자 마이크를 빼앗고 "그렇지 않다. 그는 가정적인 남자이고 (미국의) 시민이다"라고 했다. 선거 패배가 확정된 순간 매케인은 바로 승복 연설을 하고 오바마 대통령에게 초당적 협력을 약속했다.

반면 트럼프는 후보 시절은 물론 대통령직을 수행하는 과정에서도 온갖 거짓말과 협잡을 아무렇지도 않게 동원하는 모습을 보였다. 여기서 발견할 수 있는 것은 품격 있는 엘리트와 속물적 상인의 대립 구도다. 정치에도 나름대로 지켜야 할 도가 있다는 매케인의 원칙주의적 태도에, 《거래의 기술》이라는 책을 내기도 한 트럼프는 정치적 대의가 아닌 승리를 위한 '기술'만이 가치를 갖는다는 세계관으로 대항한 셈이다. 즉 트럼프가 2016년 실제로 대통령이 된 비결은 엘리트적 고상함을 사익을 추구하기 위한 '위선'으로 규정하고 이에 얽매이지 않는 태도로 일관한 데 있었다고 볼 수 있는데, 그런 점에서 트럼프를 적극적으로 지지한 음모론자들은 '미국의 드루킹'쯤 된다고 말할 수 있다. 실로 2016년부터 2020년까지의 미국 사회는 달면 삼키고 쓰면 뱉는 트럼프식 세계관의 완벽한 승리였다. 정치에 어떤 원칙 같은 것은 아무 짝에도 쓸모가 없다는 것이다.

음모론과 피해자 정체성

민주주의 선진국이라는 곳에서 이런 일들이 벌어지는 이유는 무엇일까? 미국의 왜곡된 선거제도나 일부 계층의 교육 수준 등을 원인으로 지적하는 사람들도 있다. 예컨대 공화당 지지 성향의 작가 J. D. 밴스J.D.Vance가 2017년 출간한 《힐빌리의 노래》는 제조업의 쇠퇴로 일자리를 잃어 빈곤과 저학력을 대물림하게 된 러스트 벨트의 백인 하위 계층이 주류 정치를 타자화할 수밖에 없게 된 현실을 그리고 있다. 인종적으로 이질적이면서 엘리트 정치의 문법을 그대로 구사하는 버락 오바마의 등장은 이 계층이 갖고 있던 주류 정치에 대한 적대감의 마지막 브레이크를 풀어버린 사건이다. 엘리트들이 하자는 대로 했지만 얻은 건 없고 오히려 남 좋은 일만 시켰다는 것이다. 게다가 이 결과로 탄생한 흑인 대통령은 잘난 척하며 '우리'에게 인종차별 금지나 성소수자 존중과 같은, '남 좋은 일'이 될 것이 뻔한 새로운 규범을 강요하기까지 한다!

그런데 앞서 '큐어넌' 음모론의 사례를 이러한 현실과 함께 보면 이것이 단지 어떤 특수한 비상식의 문제가 아니라는 점을 알 수 있다. '큐어넌' 음모론자들은 백인 비주류 남성이 중심인 것으로 보이기는 하지만 이들 모두를 하나의 정체성으로 묶을 수 있는지는 의문이다. 고소득 고학력자라 할지라도 음모론에 몰두하는 경우가 없지 않다는 건 우리 역시 이미 경험적으로 알고 있다.

이런 점에서 음모론자들의 창궐은 제도적 한계나 교육의 미비가 아니라 정치적 맥락 그 자체에서 태동하는 것은 아닐까? 다양한 원인으로 인해 엘리트 정치에 속아 '손해를 보았다'는 생각이 정치적 맥락의 핵심이고, '더 이상 속지 않겠다'는 결의가 사람들을 음모론으로 이끄는 동력이 아닐까? 그런 점에서 음모론은 정치적 비주류들의 반감이 '정상'을 거부하는 형태로 표출된 것으로 볼 만하다.

트럼프 정권의 등장은 이 비주류적 반감을 정치적으로 활용하는 데 성공한 결과물이다. 트럼프는 매케인과 오바마가 공유하는 품격 있는 엘리트 정치의 코드를 근본부터 부정하고 오직 손익 관계만을 따지는 속물적 태도를 노골적으로 드러내며 정치 무대에 데뷔했다. 그런데 따지고 보면 트럼프의 출신 성분(?)은 그를 지지하는 하류 계층보다는 대도시에 고층빌딩을 소유한 주류

'엘리트'에 더 가깝다. 그럼에도 그가 하류 계층에 호소력을 가질 수 있는 이유는, 지지자들이 계급적 위치가 아니라 이미지를 소비하기 때문이다. 트럼프가 대중매체를 통해 보여준 자기중심적 화끈함이나 자기 잘못에 대한 기만적 정당화 등은 잘난 척하는 엘리트의 위선적 모습과는 다르게 느껴진다. 대중이 보기에 이것은 '꾸밈 없는' 솔직함이다.

또한 트럼프는 특유의 과격성을 이유로 기성 정치로부터 조롱과 멸시, 배척을 당하면서 스스로 '피해자'를 자처한다. 비주류 정치에 포섭된 대중 역시 스스로 엘리트로부터 기만당한 '피해자'로 믿는다. 트럼프 지지자들은 이런 대목에서 트럼프와 자신을 동일시한다. 반反엘리트주의가 피해자 서사를 통해 극우 포퓰리즘으로 수렴하는 것이다. 이 맥락 때문에 전통적인 인종주의 비판이나 성인지적 감수성을 향한 호소 등은 이들에게 별 효과가 없다. 효과가 있으려면 일단 자신들이 '다수'라는 것을 인정해야 하는데, 이들은 오히려 '핍박받는 소수'를 자처하며 '역차별'을 주장하기 때문이다. 이들이 현실을 실제로 그렇게 믿어서이기도 하겠지만, 유리한 쪽을 선택한 결과라고도 볼 수 있다.

대의민주주의와 자본주의의 동반 성장은 주권자와 소비자의 정체성을 일체화했다. 그 결과 사람들은 자신들이 다수인 것이 유리할 때는 '국민의 명령에 따르라'라거나 '손님은 왕이다'라고 하고, 부당한 이득의 정당화 등을 위해 소수가 되는 것이 유리하다고 판단할 때는 '피해자'를 자처하며 보상을 요구한다. 두 방향으로의 행위는 서로 모순되는 것 같지만 민주주의가 자본주의와 동전의 양면을 이루는 오늘날에는 같은 정체성 안에서의 동거가 얼마든지 가능하다. 이렇게 생각하면 민주주의 선진국에서, 어떤 형태로든 교육을 받고 사회화된 사람들이 '큐어넌' 음모론을 말하고 있는 것도 이상한 일은 아니다. '큐어넌' 지지자들이 음모론을 진심으로 믿고 있는지는 핵심이 아닌 것이다. 그들로서는 그 음모론을 믿는 것이 이득이라는 사실이 중요하다. 한국의 '드루킹' 일당들도 마찬가지다. 주식을 사들여 기업에 대한 사실상의 지배권을 획득하고 정치권력과의 관계를 통해 대안적 커뮤니티를 건설하겠다는 '드루킹'의 허황된 계획에 사람들이 자발적으로 동조한 것은, 그 계획이 실제로 실현되리라 진심으로 믿었다기보다는 여러 활동을 통해 다른 형태로라도 모종의 정치적 이득이 돌아올 것을 기대했기 때문이다. 같은 심리가 서구의 이른바 극우 포퓰리즘 내에서 작동하고 있다.

21세기의 초입을 장식한 극우 포퓰리즘은 대개 비슷한 모습이다. 이런 현실을 한탄하는 사람들은 극우 포퓰리스트를 지도자의 반열에 올려놓은 대중을 탓하기도 하고, 사람들의 피해의식을 활용해 자기 목적을 달성한 포퓰리스트 지도자의 악마성을 공격하기도 한다. 그렇다면 극우 포퓰리즘의 세상은 트럼프와 같은, 어쩌다 이 세상에 태어난 특출난 포퓰리스트들이 주도한 것인가 아니면 그를 선택한 '우매한' 대중이 만든 것인가?

　이것은 사실 닭이 먼저냐, 알이 먼저냐와 같은 질문이다. 알에서 태어난 닭이 다시 알을 낳는 것처럼, 화가 난 비주류 유권자들이 만든 극우 포퓰리스트 지도자들이 비주류 정치를 재생산한다. 이런 점에서 오늘날 극우 포퓰리즘의 한 단면을 잘라 본다면 마치 뫼비우스의 띠와 같을 것이다. 하지만 정치를 통사적으로 파악한다면 결국 어떤 지도자를 만드는 것은 사회적 조건이라는 점을 부인할 수 없다. 트럼프가 아니었더라도 오늘날과 같은 시대였다면 비슷한 지도자가 탄생했을 것이라는 얘기다. 그렇기 때문에 '리버럴' 평론가들이 말하는 것처럼 극우 포퓰리스트 지도자와 그 지지자들의 양식 없음을 탓하기만 해서는 문제의 핵심에 도달할 수 없다. 이것은 정치의 본질에 관한 문제이기 때문이다. 본질에 도달하려면 역사를 보아야 한다.

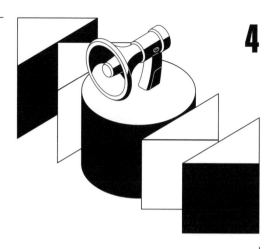

4

빨갱이 서사와 친일파 딱지

반공과 반일의 정치학

극우 포퓰리즘은 어떤 면에서는 21세기적 현상이지만 근대 이후 정치사에서 특별한 현상으로 다룰 만한 것은 또 아니다. 어떻게 보면 늘 반복되는 일의 한 갈래이기도 하다는 것이다. 트럼프 같은 특정한 지도자의 문제가 아니라고 한다면 지도자는 무엇으로 탄생하는지를 역으로 되짚어 볼 필요가 있다. 이를 위해서는 민주주의 사회에서 누군가를 지도자로 만드는 것은 어떤 시대정신인가를 따져보아야 한다. 정치권력은 무엇으로 교체되어 왔을까? 민주화 이후 최근까지 한국 정치의 정권교체 과정을 보면 이전까지 정권을 잡고 있던 기성 권력에 대한 반대가 핵심이 아닐까?

이전 정권을 반대해야 정당화되는 권력

일단 1987년 대선의 사례부터 보자. '양김 단일화'는 당시 선거 주요 담론의 한 축이었다. 익히 알려진 대로 반독재 구호를 내건 김영삼과 김대중은 단일화에 실패했고, 노태우의 어부지리 당선과 군부독재 세력의 수명 연장으로 이어졌다. 당시 야권의 다수파는 김영삼계였다. 그것은 평화민주당이 통일민주당에서 따로 떨어져 나온 이유이기도 했다. 그런 맥락에서 당시 단일화 무산의 책임은 김대중에게 있다는 평가를 피하기는 어렵다.

그렇다면 당시 김대중 후보는 왜 단일화를 받아들이지 않았는가? 이 배경에 이른바 '4자 필승론'이 있다. 대구·경북은 노태우, 부산·경남은 김영삼, 충청은 김종필이 나눠 가진다고 할 때 호남을 기반으로 한 김대중이 수도권에서만 선전하면 결국 승리할 가능성이 상당하다는 것이었다. 다른 후보들도 비슷한 계산을 했다. 각자 자신을 중심에 놓고 나머지를 '반대표'로 간주한 후, 그것이 나눠질 것이기 때문에 승산이 있다고 본 것이다. 그럼에도 특히 김대중에게 4자 필승론이 매력적이었던 것은 수도권의 재야 및 학생운동 내에서 김대중 지지 요구가 상당한 수준이었기 때문이다. 그것은 해볼 만한 승부로 생각되었다.

그러나 실제 뚜껑을 열어 보니 '4자 필승론'의 수혜자는 김대중이 아니었다. 맹주들의 지역 할거는 예상대로였으므로 결국 수도권에서의 득표가 승부를 가른 것은 맞았다. 김대중은 서울에서 우세를 지키긴 했지만, 수도권의 나머지 지역에서 다른 후보들에 크게 밀렸다. 그렇다면 서울을 제외한 수도권에서 김대중이 애초의 기대에 못 미치는 성적을 거둔 이유는 무엇인가? 다른 이유도 무시할 수 없겠지만, 무엇보다도 당시 전두환 정권이 북한 변수를 활용한 결과라는 해석이 중론이다. 북한이 KAL기 사건 등을 일으키고 정권이 위기감을 키운 결과 이념적으로 급진적인 인물이라는 평가를 받던 김대중에 대한 '빨갱이' 프레임이 작동했다는 것이다. 이렇게 보면 1987년 대선은 '반독재 대 반공'이라는, '무엇에 대한 반대를 우선할 것인가'의 구도에서 반공이 이긴 것이라고 해석할 수 있다.

노태우 입장에서 본다면, 선거 과정에서는 물론 집권 이후에도 '독재' 프레임을 벗는 일은 무엇보다 중요했다. 노태우는 군사반란에 가담한 이력이 있기는 했지만 6·29 선언으로 대두된 새로운 시대적 과제를 더 이상 외면할 수는 없었다. 13대 대통령 선거 당시 '보통 사람의 위대한 시대'라는 슬로건은 이런 판단의 결과였다. 여소야대의 국면을 벗어나기 위해 시도한 3당 합당이나 1987년 노동자 대투쟁의 여진을 수습하기 위해 일시적으로나마 노동운동에 유화적 태도를 보인 것도 넓게 보면 군부독재와는 다른, 민주적 리더십을 이끈다는 이미지를 추구한 것으로 볼 수 있다.

이러한 노력에도 불구하고 '반독재냐 반공이냐'라는, 서로에 대한 반대의 구도는 1992년 대선에서도 역시 위력을 발휘했다. 여기서 맞붙은 김영삼과 김대중이 서로 독재 부역자라든지 공산주의자라는 등의 비난을 주고받았다. 이 선거에서 또 하나 특기할 만한 점은 '초원복국 사건' 등에서 보듯이, 지역주의가 노골적으로 작동했다는 것이다. '우리가 남이가'로 요약되는 이 시기의 지역주의는 공동의 이해관계로 권력의 효과를 분점하자는 전형적인 이익 배분의 정치에 해당한다. 즉, 1992년 대선은 '상대에 대한 반대'를 명분으로 내세우면서 실제로는 이익 배분이라는 실리를 추구한 정치의 전형적 사례라고 할 만하다.

어쨌든 이 선거의 결과로 집권한 김영삼이 '문민정부'를 내세운 것은 역시 '독재' 프레임을 의식한 명명이었다고 하지 않을 수 없다. 실제로 김영삼은 민주화에 누구보다도 앞장섰던 인사로 여겨졌으므로 그를 상대로 해서는 '독재' 프레임도 더 이상 유지되기 어려웠다. 이런 상황에서 '부정부패' 프레임은 '독재' 프레임을 대신해 등장했다. 애초의 군부독재 비판에는 기득권에 대한 저항이라는 의미가 함께 담겨 있다. 민주화 세력은 반독재 투쟁을 통해 반독재와 반기득권을 결합하는 데 성공했다. 문민정부의 성립으로 독재는 종식되었지만, 기득권에 대한 저항이 겨냥했던 목표가 충족된 것은 아니었다. 즉, 저항은 여전히 필요했다. 따라서 기득권의 부정이 독재를 대신해 새로운 반기득권적 저항의 대상이 되었던 것이다. 김영삼은 3당 합당을 통해 기득권에 편입했다는 원죄(?)와 '소통령'이라 불린 차남의 전횡 덕분에 이 프레임에서 벗어나기 어려웠다. 기득권의 무능과 부패가 원인이라는 평가를 받았던 외환위기도 이런 문제를 심화했다.

1997년 대선이 부정부패로부터 상대적으로 자유로웠던 '대쪽'

이회창과 '정권교체' 김대중의 대결이 된 이유가 여기에 있다. 선거공학으로 볼 때 최종 결과를 좌우한 것은 DJP연합이었는데, 그것이 가능했던 이유는 이 시기의 시대정신이 주류를 교체하자는 쪽에 있었기 때문이다. 김대중과 김종필 모두 이러한 시대정신을 움켜쥘 수밖에 없었던 것이다. 즉, DJP연합은 호남과 충청을 기반으로 한 상이한 성격의 정치 세력이 기득권에 대한 반대, 즉 '주류 교체'라는 고리로 손을 잡은 결과였다.

'주류 교체'라는 시대정신은 2002년 노무현을 통해서도 마찬가지로 구현되었다. 김대중 정권 말기는 대통령의 아들들이 연루된, 전 정권과 마찬가지로 '부정부패'라는 비판을 피하지 못한 상태였다. 이 상황을 돌파할 노무현의 전략은 본인이 소속된 여당 역시도 기득권 정치의 산물로 규정하는 것이었다. 여당인 새천년민주당의 후보라기보다는 다수 국민을 대변하는 후보라는 '국민후보론'이 이 맥락에서 등장했고 이는 '노풍'을 불러일으키는 등 큰 성공을 거두었다. 다만 노무현은 그러면서도 김대중의 정치적 계승자를 자처함으로써 개혁적 정치 노선을 기득권을 향한 저항으로부터 일부 분리했다. 이 덕에 당시 집권 세력은 결과적으로 큰 이탈 없이 노무현의 당선에 기여할 수 있었다.

그러나 여당까지 기득권으로 상정한 전략으로 형성된 권력 내 균열이 결국 열린우리당 창당으로 이어지면서 집권 세력의 분열은 정권 내내 이어진 정치적 혼란의 한 축으로 기능했다. 국민의 눈에 이러한 상황은 노무현이 내세운 정치개혁, 즉 현실을 도외시한 이상주의가 필연적으로 가져온 파국처럼 보였다. 언론을 포함한 보수 세력은 이 틈을 파고들었다. 불충분하거나 자기기만적인 '개혁'과 이에 반발하는 세력의 대립으로 정치적 피로가 증가했다. 그런 가운데 부동산 가격 상승과 잘못된 노동정책(비정규직법 처리 등) 등으로 인한 사회적 양극화가 더욱 심화되자 '정치개혁이라는 명분에 몰두한 나머지 경제라는 실리를 챙기지 못한 정권'이라는 수사에도 힘이 실리게 되었다.

이런 점에서 2007년 대선을 통해 들어선 이명박 정권은 노무현 정권에 대한 거의 완벽한 안티테제였다. 도곡동 땅이나 BBK 등 재산 형성 문제를 비롯한 여러 흠결에도 불구하고 당시 이명박에 대한 지지가 흔들리지 않고 마지막까지 유지된 것은 개혁적이고 도덕적인 지도자상이 더 이상 필요하지 않은 시대였다는 것을 보여준다. 이명박은 "국민 여러분 성공하세요"라는 구호로 대표되는 '묻지마 개발'과 재벌 중심 친기업 성장론으로 시대적 기대에 부응했는데, 보수 정치는 이를 '실용주의'로 포장했다. 그러나 이명박의 시대정신은 '명분 없는 실리'였고, 이는 전임 정권이 현실을 모르는 이상주의, 즉 '명분의 과잉'이라는 프레임으로 내몰린 결과였다. 당시 이명박 정권이 자신들의 집권을 정당화하기 위해 동원했던, '민주화 세력(정치개혁)으로 기울어진 저울의 균형을 맞추기 위한 산업화 세력(실용주의)의 부상'이라는 서사는 바로 이 점을 이론화한 것에 불과하다.

그러나 이명박 정권이 재벌과 기득권에만 유리한 경제정책을 펼치고, 기대를 모았던 '낙수 효과'도 현실에서 실현되지 않는다는 점을 사람들이 체감하면서 상황은 달라지기 시작했다. 노무현의 죽음은 그가 내세웠던 명분의 진정성을 대중적 정서의 차원에서 일깨우는 효과를 거두었고, 이를 통해 참여정부에 대한 정치적 반대의 근거는 희박해졌다. 이렇게 되자 이미 박근혜와의 경선에서 드러났던 'BBK 주가 조작 사건'과 '도곡동 땅'이라는 이명박의 약점이 다시 정권의 부담으로 작용하게 되었다. 이명박 정권이 국가와 정부라는 공적 수단을 대통령의 사적 이익 관철을 위해 활용하고 있다는 비판이 대중적 설득력을 갖추게 된 것이다.

2012년 대선에서 박근혜가 대통령에 당선된 것은 이런 영향 덕분이었다. 당시 박근혜에 대해서는 과거 대통령의 딸로서 비록 구식의 정치 수단을 활용할지라도 국가권력이라는 수단을 공공의 이익을 위해 활용할 것이라는 기대가 있었던 것이 사실이다. 비록 보편적 기준에 미달하는 정도의 것이라고 할지라도 이명박의 국가 사유화에 비하면 상대적으로 우리 사회에 더 나은 결과를 가져올 것이라는 다소 소극적 태도의 지지 논리도 있었다. 실제로 '100% 대한민국'이나 '경제민주화', '생애 주기별 맞춤형 복지', '한반도 평화 프로세스' 등의 정책 구호는 특정인이나 계층이 아닌 사회 전체를 위한 대통령직 수행을 의미하는 것처럼 보였고, 사적 이익의 추구를 제일로 내세운 것처럼 보인 이명박과는 다른 리더십을 기대하게 했다. 그러나 박근혜 정권은 국정농단이라는 정치적 비상식의 극치를 보여주고는 무너졌다. 이러한 '비상식'에 대한 '반대'의 맥락에서 문재인 정권이 부상했다는 것은 앞에서도 논한 바 있다.

이제 일련의 과정을 도식화해 보자. 정권교체 과정에 국한해 의미를 부여한다면, 민주화는 곧 비정상적인 독재 권력을 반대하는 것이다. 민주화 이후 제기된 정치개혁은 부정부패로 요약되는 기득권의 비정상적 행태를 바로잡는 것이다. 실용주의란 '과잉 개혁'으로 인한 비정상적 갈등을 일소하고 이익의 개별적 배분이라는 정상화를 모색하자는 것이다. 이러한 대립 구도에는 이전에 등장한 권력을 비정상으로 규정해 자신을 '정상'인 존재로 삼자는 의도가 실려 있다. 이러한 진실을 사실상 실토한 것은 박근혜였는데, 그의 "비정상의 정상화"라는 표현은 앞서 언급한 모든 '반대론'을 종합해 다시 그들에게 똑같은 방식으로 돌려준 것이나 다름없는 것이었다.

근대로 가는 길: 반일인가, 반공인가

그렇다면 이러한 정치는 언제부터 시작되었는가? 역사를 더 거슬러 올라가 보면 이미 '앞선 기득권'에 대한 반대는 대한민국 건국 과정의 논란에도 내재되어 있다는 사실을 발견한다. 대한민국의 건국은 냉정히 말해 양쪽에 대한 반대에 기초했다. 일본에 대한 반대와 공산주의에 대한 반대가 그것이다. 민족주의와 시장주의가 동전의 앞뒷면을 이루고 있는 오늘날의 정치 지형도 이구도에서 기원했다고 보면 크게 틀리지 않는다.

김건우는 《대한민국의 설계자들: 학병세대와 한국 우익의 기원》에서 이른바 '학병세대'에 속하는, 해방 이후부터 박정희 시대에 이르기까지의 지식인들의 특징을 심도 있게 분석했다. 학병세대는 제2차 세계대전 당시 일본군에 의해 강제 또는 자발적 징집 대상이 된 세대를 말한다. 당시 일제의 징집은 주로 학업을 마친 이들을 대상으로 이루어졌다. 김건우는 이 책에서 학병세대의 정체성을 "제국 최고의 고등교육을 이수했지만 친일 전력이 없는 이들, 정확히는 친일을 요구받기에는 너무 젊었던 이들"로 표현했다.

이들은 식민지 시대의 지적 엘리트로서 해방 이후 자신들이 건국의 중심에 서야 한다는 사실을 이미 자각하고 있었다. 이들이 볼 때 일제와의 단절은 건국의 기반이 되어야 할 제1의 사상적 지향이었다. 이를 위해서는 자의든 타의든 친일로부터 자유롭지 않던 윗세대와의 단절이 필요했다. 일본군으로부터의 탈출 수기인 《돌베개》와 《장정》을 써 학병세대의 대표적 인물로 꼽히는 장준하와 김준엽이 어떤 의미에서 일제 엘리트 교육의 수혜자였음에도 불구하고 앞선 세대의 친일에 대하여 결벽증적인 태도를 가질 수밖에 없었던 이유가 여기에 있다.

오늘날 민족주의가 북한과의 동질성 회복을 목표로 이해되는 것과는 달리 당시의 장준하와 김준엽은 철저한 반공주의자였다. 일본군 진지를 탈출해 6000리 길을 걸어 광복군에 합류한 이들을 처음에 맞이한 것은 광복군 부사령관이자 1지대장을 맡았던 약산 김원봉이었다. 그러나 장준하 등은 김원봉이 공산주의자라는 이유로 알레르기적 반응을 보이며 이후 이승만 정권에서 국무총리를 맡는 이범석 휘하로 갔다. 이들은 이범석이 주도한 조선민족청년단에도 합류했으나 좌익이 함께하는 단체가 되었다는 이유로 그만두었다. 이들은 김구의 구상보다는 이승만의 단독 정부 수립에 공감했다. 장준하가 백범 김구의 비서를 맡았다는 점을 근거로 '김구 계열'을 자처한 것은 나중의 일이었다.

해방 이후 정국에서 이들이 민주주의에 기여한 것은 철저히 '근대화'라는 맥락에서 이루어졌다. 앞서 언급했듯이 학병세대로서 장준하 등의 역사적 사명은 건국의 실질적 주체가 되는 것이었다. 근대화는 '전근대'인 일제로부터 벗어나는 것이다. '친일'은 '전근대'의 인증이다. 한편 공산주의를 반대한 서북인이자 기독교 집안 출신인 장준하가 보기에 '근대'의 롤 모델은 서방세계였다. '근대'는 서구의 표준인 '민주주의'를 동반해야 했다. 이 세계관에서 '민주주의'는 반(일본)제국주의이고 동시에 반공주의이면서 보편주의적 가치다. 이런 시각에서 볼 때 이승만 정권은 '친일'과 타협하고 '공산당이나 할 법한' 독재를 자행했다는 점에서 '반대'의 대상이었다. 실제로 장준하는 자신이 주도한 잡지 《사상계》 1960년 4월호 권두언에 이렇게 썼다.

> "우리는 이번 3·15 정부통령 선거전에서 너무도 심한 충격을 받았다. 이름일망정 민주국가인데 그 집권당의 횡포가 이처럼 혹독할 수 있으랴. 공명과 영달에 현혹되어 거의 광적으로 날뛰는 그들은 일당독재의 실을 확연히 노출시켰고 일부 악질 지도층은 악랄한 공산당의 수법으로 백성의 수족을 꽁꽁 묶어버리려 들고 있다."

이들에게 4·19혁명은 해방 후 이식된 민주주의가 비로소 뿌리를 내릴 수 있는 조건을 한국인들 스스로가 만든 사건이다. 이전에도 제도로서의 민주주의는 있었지만 이승만 정권의 독재가 대한민국을 민주주의라는 근대적 표준을 지키지 못하는 국가로 만들었다. 이런 맥락에서 4·19는 지식인과 대중이 독재를 무너뜨려 근대를 내면화할 기회를 만든 것이었다. 즉, 장준하를 비롯한 《사상계》 지식인들에게 4·19는 해방 이후 처음으로 '진정한' 의미의 근대국가를 남한에 건설할 조건이 형성된 것이었다.

문제는 4·19 이후에도 근대를 만들어나가는 작업은 순탄치 않았다는 것이었다. 4·19 이후의 정국은 민주당 신구파의 대립과 데모의 일상화라는 혼란으로 채워졌다. 자유주의 지식인들에게 이것은 근대의 가능성이 탄생한 것이라기보다는 근대를 내면화하지 못한 대중이 독재가 무너진 빈 공간에 야만을 다시 불러온 것처럼 느껴졌다. 따라서 이들은 자신의 존재 의의를 대중을 근대로 이끄는 임무를 수행하는 것에서 다시 찾기 시작했다. 지식인은 민주주의라는 근대의 프로젝트 이행을 위한 큰 그림을 그려야 하고, 대중은 이 안에서 민주주의적 주체로서 계몽되어야 한다는 것이다. 당시 자유주의 지식인을 대표한 《사상계》 그룹은 계몽과 민주주의의 확립을 위해서는 경제적 부흥이 필요하다고 보았다. '자립'이 가능해야 계몽을 논할 여력도 생긴다는 것이다. 장준하가 장면 정권에서 국토건설본부의 책임자로 경제개발계획 수립에 관여한 이유가 여기에 있다. 이 과정에서 '민중'은 대상화되었다.

5·16 군사 쿠데타의 발발은 경제 부흥을 모색하기 위해 지식인으로서 정권에 참여해 직접 역할을 맡았던 장준하 등의 시도를 무위로 되돌렸다. 그럼에도 《사상계》 그룹은 애초에 5·16 자체에 대해서는 긍정적으로 평가했다. "민주주의의 이념에 비추어 볼 때는 불행한 일이요, 안타까운 일"이나 "4·19혁명의 과업을 새로운 혁명 세력이 수행한다는 점에서 우리는 5·16 군사혁명의 적극적 의미를 구하지 않으면 안 된다"는 것이다.*

즉, 이들은 5·16과 군사정부가 4·19혁명 이후의 혼란을 다잡고 국민을 근대적 주체를 거듭나게 하는 계기를 만들 수 있으리라 기대한 것이다. 하지만 이들은 군사정부의 민정 이양 약속 이행이 의심스럽고 《사상계》를 탄압했다는 점에서 곧 실망했고, 박정희가 1963년 대통령 선거에 직접 출마하면서 '사상 논쟁'이 시작되자 유보적 태도로 돌아섰다.

당시의 박정희는 4·19 직후 혼란 극복을 주장하며 '민족적 민주주의'를 내걸었다. 이 구도로 보면 서구에서 이식된 민주주의의 무비판적 수용은 '비민족적'인 것이다. 4·19 직후의 혼란은 그 결과였다. 반면 경쟁자였던 윤보선은 박정희의 남로당 경력 의혹을 제기하면서 오히려 '민족적 민주주의'를 비민주주의, 즉 '공산주의'로 규정했다. 이런 논쟁 구도 속에서는 공산주의에 반대하면서 동시에 4·19 직후의 혼란을 극복 대상으로 보던 《사상계》 그룹은 누구를 지지할지에 대해 의견 일치를 볼 수 없었다. 이들은 이때까지도 박정희 정권에 대해 어정쩡한 태도를 유지했다.

그러나 박정희 정권이 1964년부터 한일회담을 본격적으로 추진하자 이들은 전면적 비판에 나서기 시작했다. 장준하 등이 볼 때 한일회담은 일제로 대변되는 '전근대'와의 화해였고, 그것은 정체성의 문제로서 절대 받아들일 수 없는 일이었다. 실제로 장준하는 1965년에 한일회담에 대해 "일본 제국주의의 지배를 합

---

* 장준하, 〈권두언: 5·16 혁명과 민족의 진로〉, 《사상계》 제95호(1961년 5월).

법화해 보려는 무서운 책략"이라고 했고, "이 나라는 일본 매판 자본의 종복으로 전락할 것이요, 따라서 구 만주국을 방불케 하는 일본의 괴뢰정부가 이 민족에 군림할 것은 명약관화하다"라고 썼다.*

이들은 한일관계 정상화의 대외적 명분을 제공한 미국을 향해서도 실망과 분노를 표현했는데, '반일'이 다른 여타의 가치를 압도하게 되었다는 사실이 여기서 드러난다. 즉,《사상계》가 상정한 근대화라는 목표를 이루기 위한 다양한 구상은 '일제에 대한 반대'라는 핵심 고리를 중심으로 쌓아 올려졌던 셈이다.

장준하의 세계에서 민족주의자로서의 정체성은 한일회담 국면에야 완성되었다. 이 배경에는 백기완을 비롯해 그 아래인 6·3세대와의 교류가 영향을 미쳤다. 그러나 역시 결정적인 것은 박정희 정권의 친일본적인 태도와 공산주의, 즉 북한에 대한 적대시였다. 이에 반해 스스로 '반일'을 추구한다는 점에서 장준하는 박정희의 안티테제를 자처했다. 그러면서 장준하는 자신의 광복군 출신 이력을 과시하기 위해 박정희가 만주군관학교 출신이라는 사실을 강조했다. 당시 국면에서 '반일'을 '반反박정희'로 전화시키기 위해서는 애초에 장준하가 가졌던 반공주의적 입장도 버릴

---

* 장준하, 〈권두언: 현행 한일회담을 분쇄하자〉,《사상계》제147호(1965년 5월).

수밖에 없었다.

이 과정을 거쳐 장준하의 사상은 '반일'을 근본으로 하는 또 다른 형태의 민족주의로 재구성되었다. 1972년 7·4 남북공동성명 직후에는 "모든 통일은 좋은가? 그렇다"라는 문장으로 시작하는, 그 유명한 〈민족주의자의 길〉이라는 제목의 글이 등장했다. 이제 장준하에게 '반일'은 지켜야 할 가치, '공산주의'는 용인 가능한 이념이 되었다. '친일'은 인정할 수 없지만, '반공'은 해가 되지 않는 범위 내에서라면 용인할 수 있다. 한국 자유주의 세력의 이데올로기적 원형은 이때 정립된 셈이다.

이들의 반대편에 있던 보수 정치의 정체성은 '반공'을 중심으로 기득권 지위 유지라는 고리를 통해 형성되었을 뿐 명확한 이데올로기적 구심을 갖는 것은 아니었다. 오히려 지역이나 지위 혹은 종교, 사상의 뿌리를 짚는다면 오늘날의 자유주의 정치와 보수 정치의 뿌리는 '반공'이라는 가치를 공유했다는 점에서 보더라도 무 자르듯 나누어지지 않는다.《사상계》필자들을 포함해 민주주의의 실현을 중시하던 이들도 다양한 이유를 들어 독재 정권에 참여해 권력의 정당성을 뒷받침하기 위한 이데올로그로 활동했는데, 그것은 단순한 변절이나 이념적 불철저함만으로는 설명할 수 없다. 양쪽을 비교적 명확하게 분별할 수 있게 된 것은 앞서 본대로 박정희 정권이 독재와 반공, 일본과의 관계 개선을 결합한 형태의 관제 민족주의를 내세우면서부터다. 이때부터 '반일'과 '반공'은 본격적으로 불화하기 시작했다.

소급되는 대립 구도

근래의 건국절 논쟁은 이의 연장선에 있다. 생각해 보면 나라가 만들어진 날을 특정 날짜로 정하는 것은 사실상 불가능하다. 신이 하늘에서 내려와 나라를 세워준 것이 아니라면, 건국이란 여러 사람과 세력의 이해관계가 엇갈리는 과정 자체를 일컫는 개념일 수밖에 없기 때문이다. 그런 의미에서 '반공'과 '반일'의 후예들이 정치권에서 벌인 건국절 논쟁은 역사적인 것이라기보다는 이념적 대결 구도를 염두에 둔 정치적 해석 투쟁이었다고 볼 수 있다.

1948년 건국설을 2006년 처음 공론화한 이영훈 교수의 주장을 요약하면 이렇다. 독립은 우리 민족이 스스로 쟁취한 것이 아니며, 독립운동은 조선을 되찾으려고 한 것뿐이지 근대 국가 건설이라는 비전에 합의한 상태가 아니었다는 것이다. 따라서 1948년의 정부 수립이야말로 실질적 건국에 해당한다는 주장이다. 이에 대한 1919년 건국설 진영은 임시정부 수립을 우리 헌법에 이미 임시정부의 법통을 잇는다는 등의 서술이 있다는 점을 들고 있다. 이영훈 교수에 대한 반론은 주장 그 자체보다는 의도에 초점이 맞춰졌는데 식민지 근대화론자인 그가 조선의 후진성을 강조하며 친일 세력을 건국의 실질적 주체로 만들기 위해 무리한 주장을 하고 있다는 것이다.

그런데 '광복'에 대해서 말하자면, 장준하 역시 "8·15는 광복이 아닌 신생"*이라는 말을 쓴 일이 있다.

'되찾을 빛'은 애초에 없었다는 뜻으로, 독립운동의 취지가 단지 조선을 되찾는 것이 아닌 새로운 근대국가를 수립하는 것에 있었다는 점을 분명히 하는 주장이다. 도산 안창호 등이 1907년 만든 단체 이름이 '신민회'였다는 것도 이들이 새로운 질서를 열망하고 있다는 사실을 보여주는 단서 중 하나다. 이들과 계열을 달리하는 독립운동의 노선에서도 이런 인식이 나타난 것은 마찬가지였다. 이런 점에 비추어 보면 이영훈 교수의 주장이 자신의 식민지 근대화론을 뒷받침하기 위한 것이라는 지적은 일리가 있다.

그런데 이영훈 교수야 자신의 학문적 성과를 뒷받침하려는 의도로 이런 주장을 했다고 치더라도, 보수 정권이 나서서 1948년 건국설을 무리하게 밀어붙이려고 한 이유는 무엇일까? 건국절을 기념할 것을 주장하는 사람들은 기존의 주류화된 민족주의적 역사관이 지나치게 패배주의적인 것이 문제라고 평가한다. 마치 미국인들이 '건국의 아버지들'을 기리는 것처럼 건국의 공로를 인정하고 기념하는 것으로 국가적 구심을 만들 필요가 있다는 것이다. 이런 주장은 일견 '반일 대 반공'이라는 '반대의 논리'로만 역사를 해석하려는 정치를 벗어나려는 취지로 보이기도 한다.

---

* 장준하, 〈권두언: 단절의 인식〉, 《사상계》 제37호(1956년 8월).

그렇다면 두 가지 논란이 남는다. 첫째는 우리가 스스로 독립을 쟁취하지 못하고 외세의 도움을 받았기 때문에 누구의 공로를 어떻게 인정할 것인지부터가 논쟁거리라는 것이다. 둘째는 남한이 단독정부를 수립해 분단을 사실상 용인했고, 그것이 '미완성'의 상태로 국가가 출발하는 계기가 되었다는 것이다. 그런데 1948년 건국설은 이 두 가지 쟁점을 해소한다. 남의 도움으로 독립을 쟁취하거나 분단을 용인한 것이 아니라 어찌 되었건 1948년이라는 시점에 우리 손으로 완전한 나라를 세운 것이고, 따라서이를 주도한 것은 '국부' 이승만이라는 것이다. 이 결론에 따르면'민족 동질성의 회복'이라는 당위의 차원에서 추진하는 남북통일이나 남북 관계 개선은 불필요하다. 당위가 없는 주장을 하면서굳이 북한 정권에 정통성을 부여하려는 사람들은 '종북'이 아닌지 의심해 보아야 한다. 결국, 건국절 주장은 긍정적 역사 인식을목표로 하는 것처럼 보이지만 여전히 '반공'의 연장선에 있는 셈이다.

이제 이런 잣대를 문재인 정권의 김원봉에 대한 재평가 움직임에 적용해 보자. 김원봉은 광복군 부사령관과 1지대장을 맡은 이력을 가지고 있지만 조선민족혁명당을 만든 이력에서 보듯이 좌익 민족주의 계열로 분류되는 독립운동가다. 이러한 성향은 앞서도 서술한 것처럼 장준하가 영입 제의를 거부하는 계기로도 작용했다. 김원봉은 1948년 남북협상에 대표 중 한 사람으로 참여했다가 그대로 북에 남았고, 그 후 김일성이 주도한 숙청에 희생된 것으로 추정된다. 그래서 지금까지 김원봉은 대한민국에서 서훈 및 유공자 지정의 대상에서 벗어나 있다.

그런데 문재인 정권은 사회주의 계열 활동 이력은 별개로 놓더라도 김원봉이 독립운동에 기여했다는 사실 자체는 기릴 필요가 있다는 이유로 서훈 추서를 추진했다. 문재인 대통령이 야당 대표 시절인 2015년 소셜미디어에 "마음속으로나마 최고급 독립 유공자 훈장을 달아드리고 술 한잔 바치고 싶다"라고 썼을 정도니 정권 차원의 의지가 실리는 건 당연했다. 이에 대하여 정치권을 중심으로 반발이 커지자 국가보훈처가 북한 정권 수립에 기여했던 인물은 서훈 추서를 하지 않는다는 원칙을 재확인하면서 논란은 종결되었다.

그렇다면 정권이 애초에 쉽지 않고 정치적으로도 득이 되지 못할 일을 이렇게 추진한 이유는 무엇일까? 여기서 떠올릴 수 있는 것이 한일국교 정상화 이후 '반독재-반일', 즉 '박정희에 대한 반대'로 정체성을 확립하면서 좌익을 용인하게 된 장준하의 전례다. 문재인 정권은 자유주의 정치의 계승자로서 이 같은 움직임을 현재에 이르러서도 이어나가려 했던 것이다. 문재인 정권의 민족주의 캠페인은 일부 보수 인사들이 비판하는 '주사파'의 존재가 아니라 이러한 주류 정치적 맥락에서 이해해야 한다.

마찬가지로 보수 정치가 불을 지폈던 이전의 건국절 논란 또한 겉보기에는 '국부 이승만'을 인정할 것이냐에 초점이 맞춰져 있는 것으로 보이지만, 이 그림자 뒤에는 박정희 체제가 만든 대립 구도를 또 다른 방식으로 재현한 것이라는 본질이 숨어 있다. 이런 사례에서 보듯이 한국 주류 정치는 오늘날에 이르러서도 '반공'과 '반일'이라는 양대 축을 중심으로 한 의미망의 대결 구도에서 벗어나지 못하고 있다. 정작 자신들이 하겠다는 정치의 핵심을 적극적 방식으로는 설명하지 못하면서, 더 나아가서는 서로 모순되는 가치를 하나의 정치 세력 안에서 각자 주장하는 행태를 보이면서도 보수 정치의 지지자들이 '빨갱이' 서사를 거리낌 없이 쓰고 자유주의 정치의 지지자들이 보수 정치를 향해 '친일파'라는 딱지를 붙이는 현상이 지금까지 이어지는 이유가 여기에 있다.

그렇다면, 이런 정치는 한국 정치만의 고유한 특성일까? 만일 한국 정치만의 고유한 특성이라면 이러한 '특수성'이 발생한 원인을 우리 안에서 찾고 고쳐야 하지 않을까? 하지만 이것이 '특수성'이 아니라 체제적 '보편성'에서 기원하는 것이라면, 우리가 문제 해결을 위해 할 일은 좀 더 근본적 차원에서 이루어져야 할 것이다. 제대로 된 답을 찾으려면 먼저 다른 나라의 사례를 돌아보아야 한다.

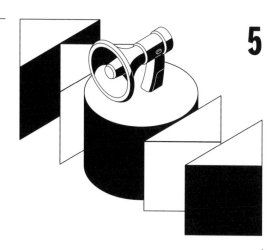

5

진보와 퇴행의 변주

미국의 민주주의

오늘날의 대의민주주의의 본질을 논하기 위해서는 미국의 역사를 돌아볼 필요가 있을 것 같다. 민주주의가 싹을 막 틔우던 17~18세기의 유럽이 절대주의 왕정의 유산으로부터 완전히 자유롭지 않았던 반면 미국은 역사적 단절을 겪었다. 미국 초기의 민주주의는 백지 위에 새로운 체제를 만들려는 시도였다. 그래서 그 시대의 대의민주주의는 미국에서 가장 완전한 형태로 구현되었다. 실제로 아메리카합중국이라는 연방국가의 형태와 양원제 구성 원리, 대통령과 상하원 선출 방식, 삼권분립의 구현 방안 등은 당시 계몽주의 철학에 근거한 정치제도를 현실에 구현하려는 이상적 시도가 반영된 결과였다.

물론 이상적 시도가 반드시 이상을 낳지는 않는다. 미국의 역사학자 리처드 호프스태터Richard Hofstadter가 쓴 고전《미국의 반지성주의Anti-intellectualism in American Life》가 다루는 문제도 이것이다. 호프스태터는 1960년대에 매카시즘의 시대를 돌아보면서 이 책을 썼다.

당시는 매카시즘이 '지식인 사냥'에 가까웠다는 점에서 미국 사회 전반에 반지성주의anti-intellectualism라는 자기비판이 제기되던 시기였다. 호프스태터는 이 현상의 연원이 미국의 역사 자체에 있다고 보고 반지성주의라는 개념의 범위를 확장했다. 반지성주의란 특정한 시기에 매카시로 대표되는 유별난 인물이 추동한 것이 아니라 당파 간 대립과 종교, 기업가주의와 실용주의, 대중 교육의 문제가 중첩되며 유지되어 온 정치·사회·문화 전반의 코드라는 것이다.

호프스태터의 개념에서 미국 반지성주의의 기원을 보여주는 중요한 대목 중 하나는 초창기 복음주의 기독교를 둘러싼 혼란이다. 복음주의는 신자 개인의 회심과 노력만으로도 신과 가까워질 수 있다는 정신을 근간으로 한다. 이는 기성 교회의 계층적 성직 제도와 대비를 이룬다는 점에서 복음주의의 '민주적' 성격을 드러내는 것처럼 보였다. 구세계와의 단절을 자기 정체성으로 하는 미국에서라면 신분과 교파라는 과거에 얽매이지 않고 완전히 자유로운 상태에서 새로운 삶의 시작이 얼마든지 가능해야 한다. 이들이 볼 때 신학적 지식의 정도로 신과의 거리를 달리하는 성직자 제도는 걸림돌이고, 거짓된 권위에 근거하고 있다.

미국 초기 식민지, 특히 뉴잉글랜드에 정착한 청교도들의 경우 성직자가 곧 지식인이었고, 사회 지도층 역할을 해야 했다. 복음주의자들의 시각에서 보면 앞서와 같은 이유로 사회적 기득권과 성직자는 같은 개념이고 곧 극복의 대상일 수밖에 없다. 이런 인식이 팽배한 가운데 식민지 사회가 복잡해지고 종교의 영향력이 감소하자 종교적 위기감을 해소하려는 복음주의자들의 움직임은 설교집을 불태우는 등 기성 교회 성직자를 겨냥한 공격으로 표출되었다. 이런 맥락에서 1730년대에 본격적으로 시작되어 1740년대에 절정에 오른 대각성운동은 종교적 열정이 중심인 복음주의자들이 기성 교회의 권위에 도전한 사건이었다. 복음주의자들은 학식이 아니라 성령이 설교의 질을 좌우한다며 평신도의 설교를 허용해 기성 교회 성직자들의 위기감을 키웠고, 대립은 격화되었다.

종교가 정치와 완전히 분리되지 않았던 시대였다는 점에서 이 대립은 그저 종교적 의견 표출로만 볼 수 없다는 것이 호프스태터의 분석이다. 이를테면 미국 사회는 자기 체제를 정당화하기 위해 구세계 유럽을 부패와 타락의 온상으로 규정했는데, 이것은 종교도 마찬가지였다. 이런 틀 안에서 교리와 성직 제도는 유럽적인 것으로 인식되었고, 대륙과의 의식적 단절에서 정당성을 찾는 미국의 종교인들은 신학적 깊이가 아니라 부흥주의를 통한 교세의 확장을 더 중요시하게 되었다.

이 과정에서 지식은 유럽 및 기득권과 등치되어 부패와 타락을 은폐하는 포장지로 취급되었다. 지식을 동원해 현상을 복잡하게 설명하는 것은 기득권이 사익 추구를 정당화하기 위한 형식적 핑계, 즉 '~하기 위한 척'에 불과하다는 것이다. 이와 대비되는 '실질'은 물론 부흥회에 참석하는 교인의 숫자다. 이 구도에서 기성 교회의 성직자들은 대각성운동의 여파를 학식이 없고 능력도 없는 이들의 미신적 열광으로 규정했는데, '각성자'들이 볼 때 이런 시각은 소수의 타락한 귀족적 기득권이 다수의 민중(실상은 열광적으로 집회에 참여하는 신도들)을 업신여기는 또 하나의 방식에 불과했다. 이런 전개를 거쳐 당시 대각성운동은 대륙-기득권에 맞서는 저항이라는 서사를 식민지인들에게 학습할 기회를 제공했고, 이는 미국 독립혁명에 영향을 미쳤다.

이러한 역사적 사실을 통해 우리가 깨달을 수 있는 것은 오늘날 극우 포퓰리즘이라 불리는 도식과 비슷한 것이 과거에도 없지 않았다는 것이다. 예컨대 현대의 극우 포퓰리즘은 이민자 또는 소수인종과 기득권을 한통속으로 묘사하고 이들과 이해관계가 충돌하는 다양한 계층을 묶는 정치적 서사를 제시해 스스로 조직한다. 마찬가지로 대각성운동은 불평등한 신분제와 종교적 차별이 사실상 같은 몸을 이루는 구세계를 종교적 열정과 민주주의를 결합하는 서사를 통해 반대하려 했다. 합리성보다는 순간적 감정과 정서에 호소하는 부흥주의가 합리성을 근본으로 하는 계몽주의의 산물인 민주주의 공화정과 한 바구니에 담길 수 있었던 이유다.

이는 반지성주의의 특징이라기보다는 근대 정치의 한계를 결정짓는 요소 중 하나로 보이는데, 미국 초창기의 정치적 논의를 보아도 마찬가지다. 미국 역사에서 '건국의 아버지들'은 '사려 깊은 시민 대표들에 의한 공화제 민주주의'를 태동시킨 계몽주의의 화신처럼 묘사된다. 오늘날의 사람들은 오염된 현실을 정화하기 위해 과거의 사례에서 본질을 찾곤 하는데, 《연방주의자 논고The Federalist Papers》* 등에 드러난 300년 전 민주주의자들의 통찰을 곱씹으며 오늘날의 진흙탕 같은 정치 현실을 개탄하고는 한다. 실제로 미국 헌법을 만드는 과정에서 발생한 쟁점을 당시 지도자들이 해소해 가는 과정을 보면, 민주주의의 교과서를 보는 것 같은 느낌이 들기도 한다.

그러나 실제 현실은 꼭 교과서 같지만은 않다. 당시 미국 현실 정치에서 오간 논쟁은 합리주의에 기초한 것과는 거리가 있었다. '건국의 아버지들'은 귀족 출신은 아니었지만, 전문적 지식을 갖추고 각 분야에서 지도자 역할을 했던 영국 '젠틀맨'들의 후예였다. 이들은 초창기 연방정부 수립 과정에서 역사, 정치, 법률에 대한 탁월한 지식을 바탕으로 충분한 역량을 발휘했으나 당파적 갈등

---

* 미국 헌법 제정 당시 이의 배경이 되는 기본 철학과 그로부터 연유하는 정부 구성 원리를 논하는 85개 논문의 모음집. '연방주의자 논고'라는 제목은 후대에 붙여진 것이다. 익명으로 작성되었는데, 대부분을 알렉산더 해밀턴이 쓰고 일부는 제임스 매디슨, 존 제이 등이 썼을 것으로 추정된다.

에 몰두하는 과정에서는 볼썽사나운 방식으로 여론전을 벌였다.

신생 미국의 색깔론

호프스태터는 토머스 제퍼슨Thomas Jefferson에 대한 반대자들의 공격을 대표적인 사례로 꼽는다. 제퍼슨은 남부인 버지니아 출신으로 제임스 매디슨James Madison과 함께 공화파를 이뤄 알렉산더 해밀턴Alexander Hamilton을 필두로 한 연방파들과 대립했는데, 이 과정에서 연방파들은 제퍼슨을 향해 반지성주의의 전형적 방식을 보여주는 정치적 공격을 자행했다. 호프스태터가 《미국의 반지성주의》에서 인용한 연방파들이 동원한 논리를 종합하면 이렇다. '제퍼슨은 사상가로서의 정체성이 강해 지식에 경도되어 있어 양심과 신앙에 근거한 박애심 등을 가볍게 여긴다. 또한 언제든 교조적 성향을 드러낼 가능성이 있어 정치에는 부적합하다. 대통령은 군대를 지휘하는 사람이지 대학교수가 아니다. 제퍼슨은 독립혁명 시기 7년간이나 프랑스에 있었는데, 프랑스 교조주의자가 아닌지 의심된다. 대통령이 된다면 또 다른 나폴레옹이 될 것이다.'*

특히 '프랑스 교조주의자'란 비판은 제퍼슨이 대통령이 되고 나서도 오랫동안 그를 따라다녔는데, 그것은 반지성주의 문제에만 그치지 않는다. 이 시기에 프랑스적이라는 평가는 계몽적 시

---

* 리처드 호프스태터, 유강은 옮김, 《미국의 반지성주의》, 교유서가, 2017.

민 대표가 이끄는 정제된 형태의 대의제를 거부하는 급진주의를 용인하는 것으로 쓰였기 때문이다. 이는 오늘날의 색깔론이나 보수 언론의 '운동권 출신 비판'과 본질적으로 동일한 논리다.

이런 비합리적 비판을 제기한 사람들은 앞서 대각성운동 국면에서 복음주의자들로부터 기득권으로 규정된 기성 교회를 기반으로 하는 미국 북동부 지식인들이었다. 호프스태터는 특히 기성 교회의 성직자들이 공화파를 향한 연방파의 선동적 공격을 거든 것은, 제퍼슨이 그들에게 적대적인 정치적 연합을 모색했기 때문일 수 있다고 지적했다. 제퍼슨은 합리주의자로서 이신론자였는데도 열정적 복음주의자들이 그를 지지했는데, 그 이유는 그가 연방파의 중앙집권적 구상을 비판하고 주 자치권을 보장하는 민주주의를, 그리고 종교의 자유를 주장했기 때문이다. 이런 주장은 결국 소수파의 권리를 보장하는 효과를 불러온다. 또 제퍼슨은 자신이 지식인이었는데도 농민, 즉 '보통 사람'이 직관으로 형성한 도덕이나 윤리가 대학교수의 그것에 못지않다는 등의 논리를 들어 목가적 생활에 기초한 자유방임적 정치관을 고수했다. 제퍼슨의 이러한 면모는 비주류로서 기득권에 속한 기성 교회를 반대하는 복음주의 교파들의 구미에 맞았다. 따라서 한쪽은 합리적 비판의 차원에서, 또 한쪽은 어떤 직관의 영역에서 기성 교회의 권위를 부정하는 이들이 단지 공통의 혐오감만으로 기묘한 동맹을 맺게 되었다는 것이 호프스태터의 분석이다.

호프스태터는 기성 교회의 성직자들이 제퍼슨을 모든 기독교의 위협으로 규정해 복음주의자와의 동맹을 깨려고 한 것이 미국 사회의 반지성주의를 심화하는 원인 중 하나가 되었다고 지적한다. 그러나 이런 사례는 지성이나 지식인에 대한 태도를 떠나 다르게 이해할 필요도 있다. 근대 정치가 반복해 온 특정인이나 세력에 대한 '반대'를 근거로 정치적 이해를 정당화하는 행태의 일례이기 때문이다.

제퍼슨 쪽 역시 같은 방식의 대응을 마다하지 않았다는 점이 시사하는 바도 그렇다. 제퍼슨과 공화파들은 중앙집권적 체제를 주장하는 연방파 인사들의 주장을 영국의 왕정 체제를 또 다른 방식의 독재로서 미국에 이식하려는 음모로 묘사했다. 영국은 독립전쟁 당시 '애국자'들이 맞서 싸웠던 상대다. 오늘날의 '색깔론'과 비슷한 이야기인 것이다.

여기에 당시의 국제적 맥락도 살펴볼 필요가 있다. 1789년 혁명으로 프랑스에 공화정이 탄생하고 유럽 각국이 영국을 중심으로 반프랑스 동맹을 맺는 상황에서 나폴레옹이 등장해 유럽 정복 전쟁에 나서자 구도가 복잡해졌고, 미국 역시 영향에서 벗어날 수 없었다. 제퍼슨과 공화파들은 독립전쟁 국면에서 도움을 준 프랑스의 편에 서야 한다고 공공연히 주장했다. 1778년 프랑스-미국 동맹이 독립에 큰 역할을 했으므로 보답해야 한다는, 일종의 '사상적 동맹론'이었다. 하지만 주류를 장악한 연방파들은 자신들의 지지 기반인 북부 자본가들이 영국과의 통상을 중요시했고 실제로 영국과의 교역 수입이 연방정부 세수에서 상당한 비중을 차지한다는 점을 감안해 혁명 이전과 이후의 프랑스 정부는 별개라는 취지에서 중립적 입장을 견지했다. 그럼에도 영국 군함이 프랑스와의 교역을 방해하기 위해 미국 상선을 공격하는 사태가 벌어지자 초대 대통령인 조지 워싱턴George Washington은 '건국의 아버지' 중 한 명인 존 제이John Jay를 파견해 영국과 조약을 체결했다. 제퍼슨과 공화파들은 이를 '불평등조약'으로 규정하고 대대적으로 반발에 나섰다. 그러나 연방파들이 논리적인 반박에 나선 끝에 조약은 상원에서 인준되었고, 양측의 충돌은 더 첨예해졌다.

그런데 영국과의 조약 체결에 프랑스가 반발하면서 상황이 더 꼬였다. 이번에는 프랑스 함대가 공해상에서 미국 선박을 나포하는 사태에 이르게 된 것이다. 조지 워싱턴의 뒤를 이어 대통령이 된 존 애덤스John Adams는 프랑스에 협상을 위한 위원회를 파견했다. 하지만 프랑스 측은 노골적으로 뇌물을 요구하며 사실상 협상을 끌었다. 강경 대응이 불가피하다고 본 애덤스는 프랑스 측의 부적절한 대응이 담긴 보고서를 일반에 공개했다. 곧 프랑스와의 전쟁을 요구하는 여론이 들끓게 되었고, 이를 기회로 연방파들은 1778년의 동맹조약을 파기하고 프랑스 무장 선박을 군함을 동원해 포획할 수 있도록 준準전시 상태에 돌입했다. 이런 움직임이 미국과 영국 양측이 더 가까워지는 계기가 되자 이에 부담을 느낀 프랑스 정부는 새로운 통상협정 체결에 동의했고, 프랑스와의 갈등 국면은 일단락되었다.

이때까지의 상황은 연방파에 유리했다. 양 진영의 자치권 문제 외에도 여러 정책적 쟁점에서 대립한 결과였다. 공화파들은 프랑스혁명의 폭력성을 민주주의 정신의 분출로 보았으나 연방파들은 통제되어야 할 민중이 체제에 맞서는 과정에서 본성을 드러낼 때 마주할 파국에 대한 공포로 받아들였다. 남부와 서부의 농촌을 기반으로 한 공화파는 농본주의적 공화국을 국가 비전으로 제시했으나 북동부와 남부 항구도시를 기반으로 하는 연방파들은 계몽된 지배계급이 주도하는 상업경제와 이를 뒷받침하기 위한 제조업 육성을 주장했다. 이러한 연방파의 계획은 농민들에게 실제적 위협으로 다가왔다. 이런 상황에 영국과 프랑스가 각기 다른 방식으로 미국 정치에 영향력 행사를 모색하고, 군사적 충돌로까지 이어지면서 논쟁은 혼란을 거듭했다. 생산적 쟁점은 없어졌고, '누구의 편'인지를 따지는 일만 남은 것이다.

일련의 사태 끝에 공화파들은 미국의 적인 프랑스를 무비판적으로 추종하는 세력으로 낙인찍혔다. 그러나 연방파들이 프랑스 옹호론자들을 겨냥해 1798년부터 외국인법과 선동방지법 제정을 추진하면서 상황은 달라졌다. 애초에 독립 초기 미국인들은 이상적 형태로 구성된 공화국에는 조직화된 정당이 필요 없을 것이라고 보았다. 파당派黨은 인간의 부정적 본질인데, 각지에서 모인 양식 있는 시민 대표들이 견제와 균형의 원리를 통해 이를 대의제 내에서 걸러낼 수 있다는 것이었다. 이런 시각을 공유하는 주류 연방파가 보기에 심지어 국난의 앞에서 '적'을 편들면서까지 주류를 적대하는 공화파들은 국가의 반역자였다. 이들을 겨냥해 만든 외국인법과 선동방지법은 사실상 정부에 반대하는 모든 이들을 국가권력이 탄압할 수 있는 근거를 제공했다. 실제로 선동방지법에 의해 공화파 신문 편집인 10명이 체포되자 공화파들은 연방파를 독재를 획책하는 세력으로 규정하며 대대적으로 반격에 나섰다.

1800년 대통령 선거는 이런 사태의 정점에서 치러졌다. 애덤스를 지지하는 연방파들은 공화파의 제퍼슨을 프랑스혁명에서 나타난 공포정치를 실현할 인물로 묘사했다. 반면 공화파들은 애덤스를 미국 체제를 왕정으로 되돌리려는 압제자로 규정하며 국민 전체가 노예가 될 거라고 경고했다. 팽팽한 선거전은 애덤스와 연방파들이 내분을 일으키면서 제퍼슨의 승리로 돌아갔다. 정치권력의 추는 중앙집권적이고 엘리트주의적인 쪽에서 그 반대편으로 기울었다. 1829년 앤드루 잭슨Andrew Jackson이 제7대 대통령이 되어 '버지니아 왕조'(제1대 조지 워싱턴, 제3대 토머스 제퍼슨, 제4대 제임스 매디슨, 제5대 제임스 먼로James Monroe가 대통령이던 시기. 모두 버지니아 출신인 데서 비롯했다)를 끝내면서 미국 정치의 주류는 상당 기간 대중주의적 성격을 갖게 되었다.

　정리하자면, 공화파에 대한 지지 논리는 '대륙의 왕정, 특히 영국에 반대한다'라는 인식에서 뻗어 나간 의미망으로 이루어져 있다. 여기서 반대의 대상인 연방파는 새로운 왕정의 지배자가 되기 위한 불순한 의도를 품은 세력으로 그려졌고, 이는 곧 영국인과 다를 바 없는 존재였다. 반면 연방파에 대한 지지 논리는 '반대를 반대한다'라는 것이 핵심이다. 자신들이 그린 미국이라는 이상적 체제를 반대하면서 적을 이롭게 하고 분열을 획책하는 이상 공화파를 용납할 수 없다는 것이었다. 공화파가 연방파를 정치 주류 밖으로 밀어낸 것은 '영국을 반대한다'라는 논리의 승리를 의미한다.

　연방파와 공화파에 속한 지식인들은 생산적 논쟁을 얼마든지 할 수 있는 역량을 갖춘 인물들이었다. 하지만 결국 유권자를 설득해야 하는 대의민주제의 특성상 실제 정치의 현실은 심도 있는 논의보다는 정치 공세가 주가 되었다. 각 주의 자치권과 연방 정부의 통합적 권한이 동시에 보장되는 미국의 현재는 이런 정치 현실을 거치며 형성되었다. 미국 민주주의의 역사를 되짚어 보면 이런 사례가 적지 않다. 예컨대 오늘날 농민이나 복음주의자의 정치 성향은 대개 보수처럼 보이지만, 앞서도 보았듯이 그런 도식이 모든 시대에 들어맞지는 않는다. 퇴행적 의도로 시작된 것이더라도 긍정적인 결과로 이어지는 일이 적지 않다는 것이다.

윌리엄 제닝스 브라이언의 부상과 몰락

1800년대에 시작된 제2차 대각성운동은 회의적 합리주의를 거부하고 전통적 신앙으로 되돌아가자는 퇴행적 성격을 내재한 상태로 촉발되었다. 그러나 신앙 앞에서 만민이 평등하다는 사상 자체는 민주주의를 진전시키는 데 기여했다. 부흥 집회 현장에는 여성들도 참여했는데, 자선이나 선교 활동을 담당하기 위해서였다. 물론 여기에는 여성이 가사를 벗어나 공장에 편입되던 19세기 초의 산업 변화에 대한 반작용이라는 성격이 있었다. 그러나 결과적으로 부흥 집회 참가는 여성이 좀 더 많은 영역에서 사회적 역할을 확대하는 기회가 되었다.

부흥 집회가 일부 지역에서 흑인에까지 개방되어 흑인 설교자가 출현하는 계기가 되었다는 사실 역시 중요한 의의를 갖는다. 심지어 흑인 설교자가 노예 반란 계획 등에 연루된 사실이 인종 갈등으로 번지는 사건도 있었다. 제2차 대각성운동의 이러한 성격은 신 앞에 남녀가 평등하다는 교리를 중시한 퀘이커교도들의 여권신장운동과 결합해 사회개혁운동으로 발전했고, 결과적으로 노예제 폐지를 요구하는 여론 형성을 고무했다.

오늘날 사회적 퇴행이라는 비난까지 받는 복음주의적 신앙 운동이 민주주의에 기여한 사실을 어떻게 보아야 할까? 대각성운동의 개혁적 차원에 주목하는 논자들이 말하는 것처럼 기독교 교리에 민주적 평등주의의 사상이 내재되어 있는 것으로 본다면, 오늘날의 보수적 기독교는 종교적 본질을 상실한 것일까? 복잡한 문제겠지만, 여기서도 우리가 다뤄야 할 핵심은 대각성운동에서 신앙이 결국 무엇을 반대하기 위한 구실이었는지다.

윌리엄 제닝스 브라이언William Jennings Bryan은 미국 역사에서 신앙과 정치, 근대성이 서로 관계를 맺어온 방식을 보여주는 대표적 인물이다. 브라이언은 1890년대에 민주당을 대표하는 정치인으로 대선 후보로만 세 번 선출되었다. 이 인물이 흥미로운 것은 북동부 자본가와 기업가들로 구성된 기득권에 대항하는 진보적 성향을 가지고 있었으면서도 말년에는 진화론을 거부하는 사회적 퇴행의 전면에 섰다는 것이다.

브라이언이 인기를 얻게 된 것은 '황금의 십자가 연설' 덕분이다. 이 연설은 1800년대 후반 공황으로 경제가 어려워지자 은화 자유주조론이 해법으로 주목받은 현실을 반영한 것이었다. 미국은 건국 후 오랫동안 금은복본위제金銀複本位制를 기본으로 하는 통화제도를 운용해 왔는데, 1870년대가 되면서 이 제도에 문제가 드러났다. 당시 금화와 은화의 가치는 16대 1로 간주했는데, 실제 시장에서 은의 가치는 이것보다 훨씬 높았다. 따라서 은을 가진 사람 입장에서는 이를 화폐주조소에 납품하는 것보다 다른 물건을 만들어 파는 것이 더 이득이었다. 의회는 이러한 현실을 반영해 1873년에 공식적으로 은화 주조를 중단했다.

의회의 결정은 당시의 현실을 그저 법에 반영한 것에 불과한 것처럼 보였다. 하지만 다시 은의 가치가 하락해 은화 유통이 가능한 조건이 마련되자 대중은 '과거 의회가 은화 주조를 몰래(?) 중단시킨 특별한 이유'를 추론하기 시작했다. 당시 주목을 끈 해석은 '은화 유통이 중지된 배경에 영국 출신의 거물급 유대인 은행가 등 북동부 기득권의 음모'가 있었다는 것이었다. 이런 주장은 은 광산 소유주들과 농민들 사이에 인기가 있었는데, 이들은 심지어 의회의 결정을 '1873년의 범죄'라고 불렀다.

당시 의회의 결정은 음모론적 배경에서만 이루어진 것은 아니었다. 1821년 세계 금융과 상업을 주도하던 영국이 금본위제를 공식 천명하면서 은본위 또는 복본위제 국가들의 금본위제 이행은 세계적 흐름이 되었다. 해외무역에서 결제가 용이한 통화제도를 운영할 필요가 세계 각국에 생겼기 때문이다. 은본위제 국가의 경우 영국과 무역 결제 정산을 위해 금본위제를 병행하기도 했지만, 이러한 복본위제는 금과 은 각각의 시세 변동에 따라 금화와 은화가 서로를 구축驅逐하는 불안정성이 문제였다. 라틴 통화 동맹으로 은본위제 및 복본위제 국가들의 협력을 도모하던 프랑스가 보불전쟁에서 패하면서 유럽 각국의 금본위제 이행은 가속화되었다.

당연하게도 미국 역시 이런 세계적 흐름에서 자유로울 수 없었다. 그러나 당시 많은 사람에게 이런 복잡한 사정은 북동부 자본가들의 음모(?)를 정당화하는 핑계로 들렸을 것이다. 미국은 1792

년 화폐주조법을 통해 누구나 조폐국에 금을 가져오면 그 양만큼 같은 가치의 법화로 전환할 수 있게 했다. 그러나 1834년부터는 앞서 금은 시장가격 변동의 여파로 사실상 금본위제나 다름없는 체계가 운영되었다. 하지만 남북전쟁 시기에 전비를 조달하고 부채를 해소하기 위해 연방정부가 '그린백greenback'이라 불린 불태환지폐를 직접 발행해 유통시키면서 통화량 조절에 대한 정부의 역할이 대두되자 농본주의·민중주의·복본위제 회귀 및 유지를 앞세운 인민당이 세를 얻게 되었고 공화·민주 양당의 기득권 구조는 위기에 빠졌다.

은광 소유주들은 이런 분위기에 편승해 은행가들을 성토하는데 앞장섰다. 시장가치보다 높은 가격을 받고 정부에 은을 팔아넘기려는 의도였다. 그러나 정치적으로 강력한 위력을 발휘한 것은 역시 농민의 반발이었는데, 이들은 공황이 반복되는 과정에서 얻게 된 부채의 증대와 농산물 가격 하락으로 가중된 이중의 고통을 정부가 통화량을 늘려 인플레이션을 유도함으로써 농산물 가격을 높이는 방법으로 완화해 주길 원했다.

이들이 생각할 때 통화량을 획기적으로 늘릴 수 있는 방안은 희소성이 다소 떨어지는 은화를 사실상 무제한으로 발행하는 것이었다. 물론 은화자유주조가 지속 가능한 것인지는 논란의 여지가 있었다. 대내적으로도 은광 소유주들이 정부에 은을 비싸게 팔고 대신 금을 비축하려는 계획을 세우고 있었기 때문이다.

그럼에도 통화량의 증대가 물가 상승으로 이어질 거라는 자영농들의 기대가 은화자유주조론에 정치적 힘을 부여했다.

하지만 농산물 가격이 오르는 것은 결국 원자재 비용의 상승이라는 점에서 산업자본은 통화량 증대에 반대했다. 이들에게 투자한 데다 불확실성이 커지는 것을 원치 않는 금융자본도 마찬가지였다. 북동부 산업자본 및 금융자본을 주요 지지 기반으로 했던 공화당은 은화자유주조론에 명확하게 반대했다.

반면 남부 농민의 지지를 받고 있으면서 정권을 잡고 있던 민주당은 분열이 불가피했다. 특히 은화자유주조론을 전면에 내건 인민당이 농민의 주장을 대변하는 정치 세력으로 떠오르자 민주당의 남부와 서부 대의원들은 지지층이 인민당으로 옮겨가는 실질적 위협에 직면했다. 이들은 위기를 벗어나기 위해 민주당 주류인 동부 당원들에 맞서야 한다는 결론에 이르게 되었는데, 이 때문에 1896년 민주당 전당대회에서 동부의 대의원들과 남부 및 서부의 대의원들이 격렬하게 충돌했다.

처음에는 국제적 동의가 있는 경우를 제외하고 은화의 자유주조에 반대한다는 정부의 논리를 이미 학습한 동부의 대의원들이 논쟁에서 우세한 듯 보였다. 그러나 네브래스카에서 온, 당시 36세의 하원의원 브라이언이 연단에 오르자 분위기는 급격히 바뀌었다. 브라이언은 은화자유주조론에 전폭적 지지 의사를 밝히면서 이렇게 말했다. "복본위제는 좋지만 다른 나라들의 동의가 없으면 안 된다고 하는 자들에게 말합니다. 우리가 영국의 금본위제를 따르는 대신, 우리의 복본위제를 영국이 따르게 합시다. 만일 저들이 금본위제를 지키려는 주장을 공개적으로 한다면, 우리는 최선을 다해 싸울 겁니다. 우리 뒤에는 이 나라와 세계의 상업적·산업적 이익을 뒷받침하는 생산 대중과 노동자들이 있습니다. 우리는 저들의 금본위제 도입 요구에 이렇게 답할 겁니다. 당신들은 가시면류관으로 노동의 이마를 짓누를 수 없고, 인류를 금 십자가에 매달 수도 없습니다!"

후일 '황금의 십자가' 연설로 불리게 된 브라이언의 외침은 금본위제 주장에 대한 엄밀한 논리적 반박으로 볼 수는 없었으나, 전당대회장을 폭발적 열기로 휘어잡기에는 충분했다. 다음 날 브라이언은 대통령 후보로 지명되었고, 민주·공화 양당의 빈 공백을 노리려던 인민당은 타격을 입었다. 인민주의자들은 논쟁 끝에 브라이언을 지지하되 대신 민주당이 지명한 부통령 후보에 대한 지지는 거부하고 자체 후보를 내기로 했다.

1896년 대선에서 민주당 후보로 뛰게 된 브라이언은 서부와 남부를 누비며 '부흥 집회' 스타일의 유세전을 펼쳤다. 드러내놓고 자신을 지지해 달라고 말하지 않는 겸양이 선거전의 '품위'로 받아들여지던 시대에 다소 생소한 것이었다. 이는 브라이언이 독실한 장로교 신자였고 어릴 때 목사를 꿈꿀 정도로 신앙심이 깊었던 것과 연관이 있어 보인다. 브라이언의 집회에 참가한 전통적인 프로테스탄트들은 익숙한 집회 문화에 열광하였으나 가톨릭 신자가 다수인 이민자 등은 상대적으로 소외되었다. 여기에 브라이언이 주도해 작성된 민주당의 새로운 인민주의적 강령은 북동부 등지에서 '편협한' 것으로 받아들여지며 공격의 대상이 되었고, 민주당은 분열했다. 브라이언이 남부와 서부의 거의 모든 농업 지역을 석권했는데도 공화당의 윌리엄 매킨리William McKinley가 승리한 데는 이런 이유가 컸다. 브라이언을 지지하며 정체성을 맞바꾼 인민당은 선거 직후 붕괴했다.

브라이언이 은화자유주조론의 선두에 섰던 배경은 무엇일까? 그의 이후 행보를 보면 가늠할 수 있다. 19세기 말은 그때까지 고립주의와 동거했던 미국의 팽창주의적 열망이 제국주의로 전화되던 시기였다. 쿠바의 독립을 원하는 반란군이 스페인 지배에 맞서는 과정에 미국이 개입하면서 발생한 미국−스페인 전쟁은, 유럽의 지배에 맞서 독립을 쟁취한 국가로서의 정체성과 외부 세계로 팽창하고자 하는 제국주의적 열망의 충돌이 표출된 사건이었다. 이 딜레마는 미국−스페인 전쟁의 결과였던 필리핀 합병 앞에서 국론 분열로 이어졌다. 아메리카 대륙 인근이라면 몰라도 태평양 건너에 있는 나라를 지배하는 일은 유럽의 간섭으로부터 독립을 추구해 온 미국인들에게 여전히 받아들이기 어려운 문제였다.

공화당의 윌리엄 매킨리 대통령은 필리핀을 스페인에 돌려주는 것은 비겁한 일이고 자치권을 보장하는 것 또한 적합하지 않다는 이유로 합병을 추진할 수밖에 없다는 논리를 펼쳤다. 필리핀인들은 아직 자치를 실현할 형편이 안 되므로 교육으로 도덕심을 고양하고 기독교도로 만들어야 할 책임이 미국에 있다는 것이었는데, 제국주의가 스스로 지배욕을 정당화하는 전형적인 논리였다. 1898년 12월 스페인을 상대로 필리핀과 2000만 달러를 교환하는 조건이 담긴 파리조약이 체결되자 전국적인 반제국주의 운동이 벌어졌다. 반제국주의 운동에 가담한 이유 중에는 윤리적·정치적 문제로 바라본 경우도 있었지만, 아시아인에 대한 거부감, 상업 및 노동시장의 영역에서 새로운 경쟁자가 대두하는 것에 대한 경계심 때문인 경우도 상당했다. 이유가 무엇이든 정치인들이 이런 대중적 움직임에 부담을 느끼는 것은 당연했다. 반발을 의식한 상원은 결국 조약 비준을 거부했다.

브라이언은 은화자유주조론을 앞장서 주장했던 바와 마찬가지 맥락에서 반제국주의 운동에 가담했다. 어떤 신념이라기보다는 북동부 공화당 기득권에 대한 반대였고, 미국의 전통적 가치관을 수호하기 위한 행동이었다. 브라이언의 이러한 행보는 스페인으로부터 식민지를 '해방'한다는 서사와 그 결과로 스페인 대신 미국이 그 식민지를 '지배'하게 된다는 현실 사이에서 갈팡질팡하는 것처럼 보였다. 이러한 혼란은 당시 미국 사회에서 흔한 일이었고, 다른 반제국주의 성향의 인사들도 근본적으로 비슷한 모습을 보였던 게 사실이다.

　그러나 이런 한계가 결국 발목을 잡았다. 브라이언은 전쟁을 끝내기 위해 파리조약을 일단 비준하고 필리핀 처리 문제는 다가오는 대선에서 국민투표를 통해 결론을 내자고 주장했다. 이에 따라 상원에서의 팽팽한 균형은 깨졌고, 1표 차이로 파리조약은 비준되었다. 1900년 대선에서 4년 전과 마찬가지로 브라이언이 민주당 후보로 나섰지만, 그가 장담한 것처럼 필리핀 문제에 대한 우호적 여론이 형성되는 일은 없었다. 제3당 운동을 모색하던 반제국주의자들이 브라이언 지지를 합의했으나 끝내 파리조약 처리 과정에 대한 불신을 넘어서지 못한 것이 일부 영향을 미쳤다. 필리핀 독립에 대한 브라이언의 주장이 힘을 잃으면서 선거전 후반부의 쟁점은 경제적 불평등으로 이동했다. 하지만 열렬한 제국주의자인 동시에 혁신주의자였던 공화당의 부통령 후보 시어도어 루스벨트Theodore Roosevelt 때문에 브라이언은 경제 영역에서도 딱히 우위를 점하기 어려웠다. 브라이언이 두 번째로 나선 대선에서 또 패배한 이유다.

　브라이언이 세 번째 대선 출마를 감행한 것은 시대적 대의가 혁신주의로 넘어가던 1908년이었다. 시어도어 루스벨트 시대에 주류로 부상한 혁신주의는 대자본 견제와 독과점 억제, 노사분규에 적극 개입이라는 정책으로 실현되었다. '반기득권'을 기치로 해온 브라이언 역시 경제적 불평등 해소를 위한 제안을 공격적으로 해온 터였다. 그러나 시어도어 루스벨트의 뒤를 이어 공화당 후보로 출마한 윌리엄 하워드 태프트William Howard Taft의 우세를 뒤집을 수는 없었다. 개혁적 유권자층에는 루스벨트 행정부 정책의 승계를 예고하고 보수층에는 '속도 조절'을 약속한 태프트 측의 이중적 선거 전략이 주효했기 때문이다.

보수주의에 가까웠던 태프트 정권의 민낯이 드러나면서 혁신주의를 지지하는 개혁적 유권자층이 흔들리자 대통령직 수행을 마치고 은퇴했던 시어도어 루스벨트는 1912년 대선 출마를 강행했다. 공화당 표가 분열된 덕에 순수한 혁신주의자이면서 '정치적 때'가 묻지 않은 학자 출신인 토머스 우드로 윌슨Thomas Woodrow Wilson을 후보로 내세운 민주당이 승리를 거뒀다.

브라이언은 윌슨 정권 당시인 1913년에 국무장관으로 임명되었다. 1915년 독일 잠수함이 미국인이 탑승한 영국 정기선을 어뢰로 격침시키는 사건이 일어나면서 미국은 세계대전의 수렁으로 이끌려 가게 되었다. 반제국주의자로서의 정체성을 포기하지 않았던 브라이언은 중립을 지켜 미국의 전통적 외교 전략인 고립주의를 유지할 것을 원했다. 하지만 윌슨 정부는 영국의 해상봉쇄와 연합국과의 통상 유지라는 두 가지 조건 때문에 독일에 대한 적대적 태도를 강화해 가는 길을 선택했다. 마침내 윌슨이 독일군에 교전 수칙 준수를 요구하는 항의문을 보내기로 하자 브라이언은 서명을 거부하고 국무장관직을 사임했다. 브라이언으로서는 처음이자 마지막인 고위 공직이었다.

근대와 충돌하는 반기득권

여기까지 보면 브라이언은 현실과 타협하면서도 자기 주장을 고집해 온 전형적 진보주의자처럼 보인다. 오늘날의 진보주의자들 일부도 '현대통화이론Modern Monetary Theory, MMT'과 같은 통화팽창론을 주장하는 것을 고려하면, 은화자유주조론-반제국주의-반독점주의를 하나로 묶는 브라이언의 정치 행로는 언뜻 자연스러워 보인다.

그러나 1925년 스콥스 재판에 등장한 브라이언은 다소 낯설다. 스콥스 재판은 테네시주가 공립학교에서 진화론을 가르치는 것을 금지하기 위해 만든 '버틀러법'과 관련된 재판이다. 당시 과학을 가르치던 교사 존 스콥스John Scopes가 진화론을 학교에서 가르쳤다는 혐의로 자신을 고발하면서 시작되었다. 스콥스가 스스로 고발한 것은 당시 '버틀러법'에 불복종하기 위해 인권단체 '시민자유연합American Civil Liberties Union'과 논의한 결과였는데, 말하자면 '기획소송'이었던 셈이다. 시민자유연합은 '버틀러법'의 부당함을 주장하기 위해 단체의 간판 변호사였던 클래런스 대로Clarence Darrow를 내보냈다. 브라이언은 스콥스의 혐의를 입증해야 할 원고 측 변호사로 나섰다. 재판은 당시 상당수 가정에 보급된 라디오로 중계되었다.

브라이언은 성경에 진화론을 지지할 수 있는 내용이 없고, 성경 원문은 문자 그대로 해석해야 한다는 주장을 폈다. 대로는 이를 논파하는 데 집중했다. 어려운 일이 아니었다. 성경 본문의 과장된 묘사나 은유를 대며 '이 대목도 문자 그대로 해석해야 하느냐'라는 질문을 반복하면 되었기 때문이다. 브라이언은 답변을 회피했지만 성경에 다소 비유적 표현이 있고, 따라서 어떤 부분은 해석이 필요하다는 것을 인정하지 않을 수 없었다. 재판부는 법을 위반한 스콥스에 벌금 100달러의 유죄판결을 내렸지만 전국에 생중계된 브라이언의 완고한 신앙심은 우스개가 되었다. 시민자유연합 등의 모더니스트들은 전술적 패배를 통한 전략적 승리를 거두었다.

1910년대 중반에만 해도 진보적 성향을 유지했던 브라이언은 어떻게 근대화에 저항하는 시대착오적 세력의 선두에 서게 되었을까? 이 물음에 답하기 위해서는 동시대인이었던 대로와 브라이언을 비교해 보아야 한다. 대로는 종교적 자유주의 색채가 강한 집안에서 태어나고 자랐다. 그의 부친은 '믿지 않는 자infidel'로 소문난 인물이었다. 집안의 이런 분위기는 전형적 모더니스트 지식인이라는 정체성의 형성으로 이어졌을 것이다.

반면 브라이언은 처음부터 끝까지 신실한 복음주의자였다. 복음주의가 사회개혁을 동반할 때는 진보적 정치인으로서 정체성이 문제되지 않았다. 복음주의는 '평신도 종교'를 지향하므로 일반인이 사회생활에서 겪는 실제적 문제를 다룰 수밖에 없었는데, 초기 산업자본주의 사회에서 사회적 문제란 결국 인권이나 불평등 등의 구조로부터 기인한 것이었다. 이 때문에 청교도 사상의 행동주의를 계승한 복음주의도 종교적 접근으로 사회문제를 해결하고자 했다. 워싱턴 글래든Washington Gladden, 월터 라우션부시Walter Rauschenbusch 등의 당시 사회복음주의 운동 지도자들이 부상한 이유다.

하지만 시어도어 루스벨트와 함께 지식인들이 정치적 주류로 복귀해 혁신주의의 시대가 열리면서 종교와 근대성 사이의 갈등이 심화되자 상황은 달라졌다. 신앙마저도 근대성의 검증 대상이 되자 종교인은 근본주의와 근대 중 하나를 선택해야 했다.

1920년대에 진화론에 대한 종교의 공격은 혁신주의가 모든 영역에 가져온 '근대적 변화'에 맞서 미국적 가치를 수호하자는 형태로 표출되었다. 즉, 이 시기의 종교가 반동적인 것은 그저 기득권 수호를 위한 퇴행이라기보다는 주류를 상대로 한 투쟁의 성격이 강했다는 것이다. 신실한 복음주의자인 브라이언의 세계관 내에서 '은화자유주조론-반제국주의-반독점주의-진화론 반대'가 하나로 묶이는 것은 이상한 일이 아니었다. 결국, 브라이언의 일생은 '주류 기득권에 대한 반대'라는 일관적 행로로 해석할 수 있다. 즉, 일관된 '반대의 정치'였다. '반대의 정치'에서는 대상을 반대하기 위한 논거를 동원하는 것 자체가 중요할 뿐, '반대'라는 맥락 내의 가치관이 서로 충돌하는 것은 그다지 중요한 문제가 아니다.

이런 식의 정치가 양당제적 구도의 결과물이라는 지적도 가능하다. 브라이언의 세계관은 결국 공화당―기득권에 '반대'하기 위한 민주당의 전략과 연계된 것으로 볼 수 있지 않을까? 그렇다면 이는 미국을 필두로 한, 양당제적 환경에 놓여 있는 정치 공간의 특성이라고 보아야 할 것이다. 하지만 어떻게 보면 인과관계는 그 반대에 가까울 수도 있다. 양당제적 구도 자체가 '반대의 정치'의 결과물이라는 것이다. 다당제가 자리를 잡은 경우라도 집권을 해 주류를 점한 세력과 그렇지 않은 세력이 있는 한 '반대의 정치'는 어떤 방식으로든 작동한다. 멀고도 가까운 이웃으로 근대 이후 우리 사회의 발전과 비슷한 경험을 한, 하지만 정치 시스템은 상이했던 일본 정치가 과거 정치개혁을 다룬 방식을 보면 알 수 있다.

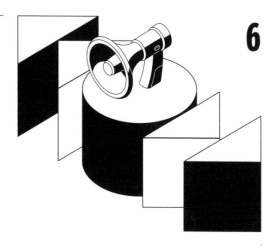

6

한쪽으로 쏠리는 진자 운동

일본 정치가 보여주는 것

일본 정치는 대개 '자민당의 압도적 우위와 들러리 선 야당'이라는 구도로 묘사되지만, 각자가 내세우는 정치 노선이나 가치관의 경합 양상을 보면 꼭 그렇지만은 않다. 1955년 '반사회주의'를 기치로 보수합동이 성립되면서 자민당이라는 거대 보수정당이 등장했지만, 사회주의 '반대'에 합의한 각 정파들의 노선 지향은 이후에도 꽤 오랫동안 당내에서 파벌 갈등이라는 형태로 표출되었기 때문이다.

근래 일본의 정치개혁 논의는 부정부패에 대한 반발에서부터 시작되었다. 제2차 세계대전 패배로 로 폴리틱스low politics(국방 및 안보를 중시하는 하이 폴리틱스high politics에 대응하는 정치 형태)를 중시하는 통치가 강제되고, 전후 재건이 이에 맞물리면서 개발주의 및 고도성장과 유착해 온 일본 정치는 1972년 집권한 다나카 가쿠에이田中角榮 시대에 이르러 금권정치라는 거악을 마주하게 되었다.

그때까지 일본 정치를 규정한 것은 이른바 55년 체제, 즉 보혁 구도였다. 여기서는 평화헌법을 개정할 것인지, 미국 중심의 세계 체제로부터 어떤 자주적 역할을 자임할 것인지, 주변의 각국을 어떻게 대할 것인지, 노동운동 등 사회운동 세력과 어떤 관계를 맺을 것인지가 쟁점이 되었다. 하지만 1976년 록히드 사건으로 이미 퇴임한 다나카 가쿠에이가 재임 시 수뢰 혐의로 체포되면서 정치 이슈의 무게중심은 부정부패의 일소로 급격히 이동했다.

당시 제기된 부정부패의 구도는 족의원-관료-재계의 '삼각동맹'으로 요약할 수 있다. 특정 분야에 기반을 가진 정치인, 예컨대 건설족, 우정족, 도로족과 같은 인물들이 재계로부터 부당한 이익을 제공받고 관료에게 영향력을 행사해 청탁을 들어주는 것이 정치권 부패를 형성하는 전형적 메커니즘이라는 것이다. 그 정점으로 지목된 것이 다나카 가쿠에이 총리였는데, 전임인 사토 에이사쿠佐藤榮作의 2인자였던 그는 자기 조직을 유지하고 영향력을 행사하기 위해 노골적인 금권정치를 자행했다. 이른바 다나카 파*는 정경유착을 동력으로 하는 파벌의 상징으로 취급되었고, '정치개혁'이란 다나카파를 어떻게 몰락시킬 것인지에 대한 문제로 다뤄졌다.

반다나카파의 선두에 선 것은 후쿠다 다케오福田赳夫를 필두로

---

* 당시 목요클럽木曜クラブ. 이들은 그 후 다케시타 노보루竹下登에 의해 게이세이회経世会로 재편되었다.

하는 후쿠다파**였다. 이들은 정치적으로 요시다 시게루吉田茂와 대립했던 기시 노부스케岸信介 노선의 계승을 표방했는데, 이의 핵심은 헌법 개정과 재무장이 필요하다는 것이었다. 이들은 애초에 자주권을 침해한 미국에 악감정을 품었으나 미국이 일본에 동아시아의 전진기지라는 지정학적 역할을 부여한 이후에는 친미적 태도로 돌아섰다. 1960년 6월의 신미일안보조약은 이 결과물이었다. 하지만 미국 주도의 전쟁에 휘말릴 것을 염려한 혁신계 정치 세력이 사회운동과 결합해 대대적인 투쟁을 전개하며 기시 내각이 붕괴되는 상황에 이르자 이들은 정치적 주도권을 잃었다.

그러나 이들의 극우적 색채는 그 후 다나카파에 의해 펼쳐진 금권정치에 가려 제대로 보이지 않게 되었다. 사실 부정부패와 이익 분배 정치는 주류 정치권에 속한 누구도 자유로울 수 없는 문제였지만, 다나카파가 한 일은 그중에서도 차원을 달리했다. 후쿠다파는 기시 노부스케 시기의 안보투쟁 이후 줄곧 비주류였으므로 다나카 가쿠에이가 앞세운 '일본열도 개조론' 등 개발주의의 수혜를 상대적으로 덜 입을 수밖에 없는 위치였다. 금권정치 비판이 수면 위로 떠오른 이후 '삼각동맹'과 부정부패 구조에 대한 문제의식은 도시 중산층과 재계 일부에서 '중도적'으로 제기

** 1976년 후쿠다 내각 발족 후 해산했으나 1979년 세이와회清和会로 재결성되었다.

되었는데, 후쿠다파는 그 극우적 성향에도 불구하고 이를 얼마든지 '정치개혁 요구'라는 포장지로 활용해 다나카파를 공격하며 중도적 지지 기반을 늘려나갈 수 있었다.

반면 '반기득권'의 핵심을 담당했어야 할 이른바 혁신 세력은 지역적 정치 기반을 확충하는 등의 성과를 내는 데 집중하면서도 공산당과 사회당의 대립, 사회당 좌우파 분열 등의 문제 때문에 정치적 중심을 잡지 못했다. 혁신 세력이 안보투쟁의 기억에서 벗어나지 못하는 상황에서 복지 담론을 자민당의 이익 분배 정치가 흡수해 버린 것도 한계로 작용했다. 1980년대를 거치며 '개혁'을 내세운 보수 정권에 의해 사회운동이 조직적으로 분쇄된 이후 사회당의 '도이 붐'* 등 지도자의 개인기로 존재감을 유지해 온 혁신 세력은 어느새 '구체제'의 일원으로 인식되었다. 주류 내의 비주류가 '개혁'의 정당성을 독점하게 되었고, 오히려 혁신 세력이 이의 걸림돌로 지목되었기 때문이다.

당시 자민당 내에서 '삼각동맹'의 해체 요구에 응답하자는 쪽의 청사진은 다나카파의 일원이면서도 이단아적 행보를 걸은 오자와 이치로小沢一郎의 《일본 개조 계획日本改造計画》에서 확인할 수 있다. 이 책에서 오자와 이치로는 '삼각동맹'에 의한 부정부패를 사

---

* 1980년대 후반, 사회당 위원장 도이 다카코土井たか子가 선풍적 인기를 모은 일을 가리킨다.

회적 비효율과 폐쇄성에 의한 것으로 보았다. 부패의 온상인 '삼각동맹'을 깨기 위해서는 규제를 완화하여 자유로운 경쟁을 강화해야 하고, 이를 통해 사회적 효율성을 기해야 한다. 즉, '세계적 표준'을 따라야 한다는 것이다. 일본은 폐쇄성에서 벗어나 현대화되어야 하고, 이를 통해 국제사회가 요구하는 역할을 군사적 영역을 포함해 적극적으로 맡을 수 있게 되어야 한다. 이러한 구상은 대대적인 신자유주의 개혁과 개헌을 포함한 적극적 평화주의를 '삼각동맹'과 부정부패에 대한 반대로 묶은 것이라고 할 수 있다.

정치개혁의 영역에서 반부패 드라이브는 파벌정치의 혁파라는 구호를 동반했다. 앞서 다나카파가 자행한 금권정치는 파벌 영수가 정치자금을 동원해 파벌에 소속된 의원을 통제하는 방식으로 이루어졌다. 일본 정치가 과거 운영했던 선거제도인 중선거구제는 파벌 간 또는 파벌 내 선거구 배분을 용이하게 해 파벌정치를 강화하는 조건이 되었다. 따라서 소선거구 비례대표 병립제가 대안으로 제시되었다. 이와 같은 일련의 개혁 과제 이행은 강력한 리더십을 전제해야 가능하다. 따라서 총리 관저 기능의 강화가 필요했는데, 오자와 이치로는 이를 "관료가 아닌 정치가 주도한다"라고 표현했다. 앞서 소선거구제 역시 공천 권한을 각 파벌 영수에서 총재로 이양하도록 한다는 점에서 비슷한 효과를 낼 것으로 기대되었다.

오자와 이치로는 자민당이 1988년 리크루트 사건ﾘｸﾙｰﾄ事件, 1992년 사가와규빈 사건東京佐川急便事件 등 또 다른 부패 스캔들로 위기를 맞이하자 파벌 내 분열을 주도한 끝에 탈당을 선택했고, 그 후 신생당新生党을 창당했다. 이 때문에 사회당과 공산당으로 대표되는 전통의 혁신 세력은 야권 내 주도권을 상실했고, 정치개혁 논의도 오자와 이치로의 구상 쪽으로 급격히 쏠리게 되었다. 그 후 규슈 지방의 명망가 집안 출신이자 구마모토현 지사를 지낸 호소카와 모리히로細川護熙가 부정부패에 물든 자민당에 반발해 무색무취한 개혁을 내세우며 일본신당日本新党을 창당하자 야권은 정치개혁 실현이라는 원포인트 의제로 '비자민 비공산' 세력을 묶는 정계 개편에 나서게 되었다. 그 결과 탄생한 것이 1993년 7당 연립에 의해 탄생한 호소카와 내각이다.

호소카와 내각에 참여한 정치 세력들은 다양한 쟁점에 대해 상이한 관점과 노선을 갖고 있었으나, 선거법을 개정해 도시 중산층의 정치개혁 염원에 부응해야 한다는 공감대를 이루고 있었다. 실제로 7당 연립은 시작하자마자 자민당 출신의 거물인 오자와 이치로와 주도권을 두고 견제하며 삐걱댔지만 정치개혁 의제만큼은 힘을 합치지 않을 수 없었다. 1994년 소선거구 비례대표 병립제를 포함한 정치개혁 4법이 처리된 것은 일대 쾌거였다. 뒤집어 말하자면, 이 시점부터는 7당 연립의 유일한 공통분모였던 정치개혁 의제가 사라진 것이었다.

결국 호소카와 내각은 오자와 이치로 등 자민당 탈당파들에 의해 사회당이 밀려나면서 사실상 붕괴했다. 그 후 정권을 잡은 것은 사회당의 무라야마 도미이치村山富市 위원장을 총리로 하는 자민당-사회당-신당 사키가케新党さきがけ 연립 정권自社さ連立政權이었다. 사회당과 신당 사키가케가 오로지 오자와 이치로에 대한 반대를 기치로 부정부패의 진원지였던 자민당과 손을 잡은 것이었다. 즉 당시의 일본 주류 정치는 부정부패를 주도한 다나카파 및 그 후신들에 대한 반대냐, '술수'에 능한 오자와 이치로에 대한 반대냐의 대립 구도 아래에 있었다고 평할 수 있다.

이 사례를 통해 우리가 알 수 있는 것은 자민당 기득권이 위기에 빠지면서 조성된 다당제적 연립정치가 만들어낸 일본의 정치 개혁 논의도 결국 '무엇에 대한 반대'라는 의미 이상으로 나아가지 못했다는 것이다. 정치개혁은 부정부패에 대한 반대이고, 다나카 혹은 그 후신에 대한 반대이며, 또한 파벌정치에 대한 반대였다. 이렇게 추진된 정치개혁이 과연 애초에 기대한 성과를 거두었는가를 평가해 보면 여러모로 미흡하다고 할 수 있다. 총리 관저가 주도하는 정치는 개혁적 리더십보다는 총리 1인 체제의 강화로 이어졌다. 파벌 영수의 힘은 약화되었으나 총리가 겸하는 자민당 총재가 공천권을 무기로 파벌정치의 폐해를 답습하는 일이 반복되었다. 그렇다고 파벌정치가 완전히 없어진 것도 아니다. 오늘날 자민당의 파벌 구조는 다나카파와 후쿠다파가 대립하던 시대의 주요 5개 파벌이 일부 갈라지고 합쳐졌을 뿐 크게 변화하지 않았다. 부정부패와 금권정치의 기본 구조는 형태만 달리했을 뿐 숱한 정치개혁 논의와 실천에도 불구하고 지금까지 유지되고 있다.

일본의 판박이 같은 정치개혁

이 사례는 우리의 정치개혁 논의를 돌아보게 한다. 우리 정치의 개혁 의제는 1980년대 후반까지 독재 대 민주화 구도의 연장선에 있었다. 하지만 군부독재가 종식되고 민주화를 맞이한 이후에는 기득권층의 부정부패가 새로운 문제로 떠올랐다. 문민정부에서 '대쪽 이미지'의 이회창 대법관이 감사원장과 국무총리를 맡을 수 있었던 것도 이러한 사회적 분위기가 있었기 때문이다.

부정부패 일소 요구는 정치권과 선거 문제로 이어지게 되어 있다. 대형 부정 사건의 상당수는 정치권과의 유착이 배경인 경우가 많고 선거용을 포함한 정치자금 문제가 중요한 원인 중 하나이기 때문이다. 그렇기 때문에 부정부패를 바로잡으라는 요구는 기득권의 교체가 필요하다는 여론, 즉 새로운 정치 세력 부상에 대한 갈망이라는 정치운동으로 귀결될 운명이다. 하지만 새로운 세력이 기성 정치의 영역으로 진입하기는 쉽지 않다. 그러니 비합리적인 선거제도가 도마에 오를 수밖에 없다. 이는 근래 한국 정치가 선거제도 개혁의 필요성을 논하게 된 배경이다.

선거제도를 바꿔야 한다는 주장은 아무래도 기존 제도의 수혜를 받지 못하는 세력이 제기하게 될 수밖에 없다. 군부독재 때부터 야당이었던 민주당 계열이 주로 이 문제를 제기한 이유가 여기에 있다. 그러나 선거제도 개혁이 한국 사회가 해결해야 할 중요한 문제로 본격적으로 인식된 계기는 2001년 1인 1표 비례대표제 위헌 판결에 따른 1인 2표 정당명부식 비례대표제 도입과 민주노동당의 원내 진출이다. 민주노동당은 정치개혁을 위해서는 인물의 이미지가 아닌 정당의 정치 노선으로 경쟁하는 풍토가 조성되어야 한다고 보았다. 그러려면 지역구 출마 정치인을 향한 지지가 아니라 정당에 대한 지지가 원내 의석 배분의 기준이 되어야 하는데 당시까지의 1인 1표제는 이를 저해하는 요소였다. 이러한 상황을 개선하려면 1인 2표제도 불충분하고 독일식 정당명부식 비례대표제 도입 등 큰 폭의 변화가 필요하다는 것이 민주노동당의 주장이었다. 사람들이 보기에 민주노동당은 기성 정치의 부정부패와는 거리가 있는 새로운 정치 세력이었으므로 이 같은 주장은 대중적 호응을 얻었다. 민주노동당을 비롯한 진보 세력에 좋은 제도가 사회 전체를 기준으로 보아도 좋은 결과를 가져올 것이라고들 생각한 것이다.

원내 진보정당은 2008년 민주노동당과 진보신당의 분리 이후 통합진보당의 창당과 정의당으로의 분당 등 다소 어지러운 과정을 거쳤지만, 이 과정에서도 선거제도를 개혁해야 한다는 주장은 진보 진영 전반의 공통된 합의로 유지되었다. 그러한 주장이 '민주 세력'이 부산·경남 지역을 수복해야 한다는 '동진 정책'과 맞물려 정치적 동력을 갖게 되면서 권역별 연동형 비례대표제 도입 논의로 이어졌다.

경남권 특히 부산은 김영삼의 통일민주당 사례에서 볼 수 있는 것처럼 과거에는 '민주 세력'의 주요 근거지였다. 그러나 3당 합당 이후 '우리가 남이가' 시대가 오면서 '민주 세력'은 호남에 갇힌 형국이 되었다. 이러한 정치적 환경이 호남에 대한 지역적 차별 정서와 맞물리면서 '민주 세력'은 정치 활동에 있어 상당한 피해를 감수해야 했다. 1997년 정권 교체와 2002년의 정권 재창출은 이런 한계를 벗어날 중요한 기회로 생각되었다. 부산·경남에 대한 공략을 의미하는 '동진 정책'이 이 시기에 다시 추진된 것은 자연스러운 일이었다. 또다시 정권이 교체된 2008년 이후에도 보수 우위 구도를 뒤집기 위해 부산·경남을 되찾는 것은 '민주 세력'에게 무엇보다 중요한 과제였다. 실제로 지역주의를 극복하기 위한 노력이 누적된 덕인지 아니면 보수 정권의 실정에 실망한 여론 때문인지 부산 지역에서 '민주 세력'의 득표율은 상향되었다. 하지만 소선거구제에서 승자는 1명뿐이고 1표를 덜 얻든 1만 표를 덜 얻든 낙선하는 것은 마찬가지다. 이런 상황을 바로잡기 위해서는 어떤 방식으로든 낙선 후보가 받은 지지가 '사표'가 되지 않는 선거제도 개혁이 절실했다.

문재인 정권에서 본격 추진된 선거제도 개혁은 이러한 이해관계와 '촛불시위'의 요구에 맞는 정치개혁을 추진한다는 명분이 서로 맞물린 결과였다. 명분의 차원에서 선거제도 개혁의 당위는 크게 나눠 두 가지 차원에서 제기되었다. 첫째는 민심이 왜곡되지 않고 그대로 의석 구성에 반영될 수 있는 제도의 도입이 필요하다는 것이었다. 둘째는 거대 양당에만 유리하게 되어 있는 제도를 바꿔 소수 정당의 원내 진출 기회를 늘려 다양한 관점의 주장이 의회 결정에 반영되도록 해야 한다는 것이었다. 당시 기존 제도의 수혜자인 제1야당이 반대하는 가운데 '촛불혁명'으로 집권한 여당은 소수 정당들과 손을 잡고 선거법 개정을 처리했다. 이로써 선거제도 개혁은 완수되는 듯했다.

　문제는 여당이 정작 선거가 코앞에 닥쳐오자 개혁의 대의를 헌신짝 차버리듯 했다는 것이다. 애초에 선거법 개정에 동의하지 않는다는 명분으로 보수정당이자 당시 제1야당이었던 미래통합당은 정당 투표만을 노린 비례 위성 정당 창당에 돌입했다. 새로운 선거법은 정당 지지율에 전체 의석수를 최대한 맞추도록 설계되어 지역구 당선자 숫자가 정당 득표로 배분받아야 할 의석 숫자보다 많으면 그만큼 비례대표 의석수 배분이 적어져 거대 양당에 불리한 형태였다. 만일 지역구 후보를 내지 않는 비례 위성 정당을 창당해 정당 득표에 의한 비례대표 의석수를 확보한 후 나중에 합당을 하면, 현행 선거법에 따르더라도 손해를 보지 않으리라는 것이 미래통합당의 계산이었다.

이제 관건은 여당인 더불어민주당이 이런 '꼼수'에 어떻게 대응할 것인가였다. '꼼수'에 '꼼수'로 대응하기보다는 정공법으로 붙자는 명분론도 있었으나 그렇게 했다가는 좋은 결과를 얻을 수 없다는 계산이 서자 야당과 마찬가지로 비례 위성 정당 창당으로 선거에 대응하자는 주장에 힘이 실렸다. 그 결과 더불어시민당이 창당되었고 국회 처리 과정에서 이미 누더기가 된 연동형 비례대표제는 그마저도 유명무실해졌다. 정치개혁은 실종되었고 선거제도 개혁을 대가로 여당의 정치에 힘을 실어준 소수 정당들은 정치적 파산을 맞았다.

의아한 것은 여당이 자신들이 주장한 정치개혁의 대의를 걷어차 버렸는데도 유권자들이 비례 위성 정당에 투표하기를 주저하지 않았다는 것이다. 연동형 비례대표제로의 선거법 개정에 대한 국민적 여론은 분명 호의적이었다. 그러나 비례 위성 정당을 창당해 개정 선거법을 무력화한 더불어민주당은 바로 그 덕택에 애초 기대를 상회하는 180석에 가까운 의석을 얻었다. 이것은 모순이 아닐까? 연동형 비례대표제에 대한 찬성과 비례 위성 정당에 대한 지지는 어떻게 양립 가능했던 것일까?

연동형 비례대표제에 대한 지지 여론은 집권 세력에 대한 지지에 불과한 것이었을까? 결과적으로 그렇게 되었지만, 선거제도 개혁의 필요성이 제기된 것은 어제오늘의 일이 아니라는 점에서 좀 더 면밀한 분석이 필요하다. 그러려면 연동형 비례대표제를 지지하는 행위와 비례 위성 정당의 창당을 용인하는 행위의 공통 기반을 찾아야 한다. 두 사안의 공통점은 모두 '주류에 대한 대항'으로 평가되었다는 점이다. 이 시기의 미래통합당은 여전히 '국정 농단'을 떠올리게 하는 전 정권의 색깔을 벗지 못한 상태였다. 그렇기 때문에 보수 정치와 이들을 이롭게 하는 선거제도가 반기득권적 저항의 대상이 되었다. 앞서 일본의 사례에서 '다나카파'가 개혁의 대상이 된 것과 비슷한 경로다. 선거제도 개혁은 그 자체가 가진 여러 의의보다는 보수 정치를 응징하고자 하는 맥락에서 받아들여진 것이다. 선거제도 개혁의 의의를 거스르는 일인데도 비례 위성 정당의 창당이 용인된 것 역시, 보수 정치라는 거악에 맞서기 위해서는 '꼼수'를 동원할 필요도 필요하다는 것으로 이해되었기 때문이다.

이 사태의 가장 큰 피해자는 원내 진보정당인 정의당이었다. 선거제도 개혁은 진보정당에 있어 명분과 실리를 동시에 충족시키는 의제였다. 정의당에 있어 선거제도 개혁이 1순위 정책이 된 것은 자연스러운 결론이다. 그러나 여당과의 정책적 주고받기를 통해 여의도 정치끼리만 주도하는 선거제도 개혁을 모색한 것은 한계였다. 유권자들이 볼 때 선거제도 개혁의 최대 수혜자는 정의당임이 분명했다. 하지만 국회에 정의당 소속 의원들이 늘어나면 무엇이 달라지는 것인지 알 길이 없었다. 오히려 여당의 개혁에 동조하면서 선거법 개정이라는 '실리'를 노리는 정의당의 행보가 여당의 '위성' 역할을 하는 것에 있다는 인상을 주었다. 이런 상황에 선거제도 개혁이 가져올 효과는 여당의 목소리가 더 커지는 것 이상의 의미를 갖기 어려웠다. 즉, 선거제도 개혁 그 자체가 갖는 독자적 맥락을 살리는 정치를 진보정당이 주도적으로 창출하지 못한 것이다. 이 때문에 선거제도 개혁은 '주류에 대한 저항'이란 맥락에 갇히고 말았다.

이것은 앞서 일본의 사례와 마찬가지였다. 시간과 공간을 넘어 한일 양국의 정치개혁이 하나 마나 한 어떤 제도 변경으로 귀결되어 버린 것은 기득권에 대한 반대를 조직하는 것이 전부인 정치, 반기득권적 저항이 정파적 이해관계를 넘지 못하는 정치의 결과였다. 그런데, 그렇다면 이러한 한계의 정치는 어디에서 비롯되는 것일까? 흔히 제기되는 비판은 불철저한 이념 지향에 관한 것이다. 각 세력이 명확한 정치 노선이 아니라 '정치 자영업자' 각자의 이해관계만을 앞세우기 때문에 제대로 된 대안을 수립하는 데 실패했다는 것이다. 그러나 이런 비판도 따지고 보면 '반기득권적 저항'이라는 맥락에 쉽게 기댄 논리일 뿐이다. 이것 이상의 구조적 문제를 따져보아야 한다.

퇴행하는 진자 운동

여기서 주목할 것은 각자에 대한 반대가 역사적 변화 자체를 가로막고 있지는 않는다는 것이다. 예컨대 서로에 대한 반대만을 조직하는 정치가 기득권적 위치를 뒤바꾸는 결과만 낳을 뿐이라면, 이런 일은 마치 손바닥을 뒤집는 것처럼 영원히 반복될 것이다. 혁명과 반혁명이 계속되고 정치와 사회가 변화에 부단히 노력해도 그 결과는 손등이 손바닥으로, 다시 손바닥이 손등으로 위치를 바꾸는 결과에 그칠 것이다. 그러나 우리의 현실이 꼭 그런 것만은 아니다. 다들 부지런히 움직인 결과, 우리가 발을 딛고 있는 이 사회가 긍정적인 것이든 아니든 어딘가 정해진 방향으로 나아가고 있는 느낌은 비단 착각일까? 아니라면 이런 일이 어떻게 가능할까?

여기서 일본의 현대 정치에 대한 나카노 고이치中野晃― 조치上智대학교 교수의 이론 틀을 원용해 보자. 나카노 고이치 교수는 《우경화하는 일본 정치右傾化する日本政治》에서 일본 정치를 '진자 운동'에 비유했다. 일본 정치를 가까이에서 보면 서로를 반대의 대상으로 규정하는 정치가 대립을 거듭하며 권력을 교환해 온 것처럼 보인다. 이런 움직임은 어떤 시기에는 자민당 내의 파벌 수준에서, 또 어떤 시기에는 자민당의 경계를 넘는 수준 즉 정권 교체의 수준에서 이루어졌다. 이를테면 안보투쟁 이후 1980년대까지의 자민당 내 파벌 구도는 이른바 보수 본류와 보수 방류라는, 자민당 내의 양대 경향을 대표하는 다나카파와 후쿠다파 및 그 후예들 간 전쟁의 연장이었다. 그것은 55년 체제라는 보혁 구도

를 이루는 하나의 축이었다. 1990년대 들어 보혁 구도는 무너졌지만, 그 자리를 차지한 것은 개혁이냐 반개혁이냐의 갈등 구조였다. 지금까지 서술한 '반대의 정치'에서 크게 벗어나지 않는 구도다.

그런데 의문은 이렇게 '반대 세력'끼리 권력을 교환해 왔는데도 일본 사회가 꾸준히 우경화해 왔다는 사실은 부정하기 어렵다는 것이다. 서로 반대만 했는데 어떻게 사회가 한쪽으로 움직일 수 있었는가? 나카노 고이치 교수가 볼 때 이 구조는 제자리에서 앞뒤 움직임을 반복하는 진자 운동에 비유할 만하다. 진자를 가까이에서 보면 단지 앞뒤로 왔다 갔다 할 뿐이다. 하지만 멀리서 보면 진자 운동의 축 자체는 우측으로 계속해서 이동해 왔기에 일단 우측을 향한 진자가 다시 좌측으로 움직이더라도 이전 수준을 회복하지는 못하고 다시 반대쪽으로 이동한 진자는 애초의 위치보다 더 우측에 위치하게 된다는 것이다.

다시 앞서 언급한 '삼각동맹'을 둘러싼 대립 구도를 좀 더 자세히 들여다보자. 나카노 고이치 교수는 '다나카파'로 대표되는 개발주의와 정치적 후견주의, 이를 통한 이익 분배 중심의 정치를 '구우파연합'으로 칭한다. 이는 '개혁'을 주장한 '신우파연합'에 대응하는 명명인데 일본이 발전지향형 개발국가였다는 점에서 이들은 전후 상당 기간 정치의 주류였다. 앞서 오자와 이치로 등 '신우파연합'의 시도는 신자유주의적 개혁을 내세워 이들의 기득권을 깨려는 것이었다. 이들 사이에 낀 혁신 세력은 비자민 연립정부를 거쳐 자민당과 손을 잡고 중국에는 비명에 가까운 소리를 지르는 것으로 사실상 운명을 다했다. 1993년 자민당이 정권을 잃기 직전 내놓은 '고노 담화'와 1995년 자민-사민-사키가케 연정 체제에서 나온 '무라야마 담화'는 이런 과정을 거친 결과였다.

여기에 저항하는 구우파 일부는 이런 흐름에 반대해 극우주의와 손을 잡았다. 무라야마 담화 이후 1996년, 이듬해부터 쓰일 모든 중학교 역사 교과서에 '위안부' 문제에 관한 기술이 포함되었다는 사실이 알려지자 1997년부터 '백래시' 국면이 시작되었다. 각계에서 역사 문제를 고리로 극우적 이념을 내세우는 모임들이 발족하게 된 것이다. 55년 체제에서는 혁신 세력의 존재가 이런 움직임의 '브레이크' 역할을 자임했다. 혁신 세력이 군국주의의 부활을 '반대'하는 역할을 한 것이다. 하지만 신우파연합의 '개혁' 공세로 혁신 세력이 개혁의 걸림돌, 즉 구태 정치의 일원처럼 비추어지자 극우주의의 부활을 기도하는 사람들 역시 거리낄 것이 없어졌다. 이미 구태가 된 혁신 세력의 주장과 이념에 대한 반대라는 명분을 내세울 수 있게 되었기 때문이다.

자민당이 1996년 완전히 정권을 되찾았을 때 총리 자리는 구 다나카파를 이은 하시모토 류타로橋本龍太郎에게 돌아갔다. 구 다나카파는 앞서도 보았듯이 국수주의적 역사관의 고수를 포기하는 대신 경제 발전이라는 '이익'을 모색해 온 그룹이다. 그러나 그해 11월 하시모토 류타로는 나카소네 야스히로中曽根康弘 이후 11년 만에 야스쿠니 신사 참배를 강행했다. '행정의 프로'이자 '한 마리 늑대'로 불리며 조직 관리보다는 '대중적' 이미지를 중시한 이력의 연장선에서 '백래시' 국면에 호응한 것이다. 마찬가지 맥락에서 하시모토 류타로는 부동산 과열의 경착륙을 유도하고 소비세 인상 등의 긴축을 밀어붙이며 방만했던 '버블시대' 경제의 뒷수습에 진력하는 등 '정책 전문가' 이미지로 대중에 어필했다. 이는 구 다나카파의 원래 스타일과 비교하면 명백하게 '신우파연합'의 견해로 기울어진 것이었다. 즉, 그는 구체제 내에서 '삼각동맹'에 저항하는 티를 내려고 했다. 하지만 긴축의 파장이 너무 컸던 데다 1997년 아시아 금융위기의 영향도 있어 실제로 의도한 만큼 인기를 얻는 데는 실패했다.

이 빈자리를 노리고 들어온 것이 구 후쿠다파의 일원이자 '윗세대'를 구태 정치, 즉 반대의 대상으로 규정해 공격하는 방식으로 범파벌적 연합을 형성한 고이즈미 준이치로小泉純一郎였다. 하시모토 류타로의 뒤를 이어 1998년 7월 총리직을 차지한 오부치 게이조小渕恵三는 전임과 마찬가지로 구다나카파의 인물이었다. 고이즈미 준이치로를 비롯한 신진 인사들은 '정치개혁'을 고리로 윗세대를 겨누면서 사실상의 반다나카파 연합을 형성했다. 이런 조건 하에 놓인 오부치 정권은 신우파연합의 개혁 공세에 대응하면서 당내의 쇄신 요구를 무력화하기 위해 하시모토 정권의 뒤를 잇는 형태로 경제 영역에서의 우클릭을 감행할 수밖에 없었다. 비정규직 확대를 포함한 일련의 고용 유연화 정책이 이 맥락에서 관철되었다. 이 과정에서 각 파벌은 내부적으로 세대교체 요구 등 확실한 개혁적 태도를 요구받는 형태로 분열을 겪었는데, 이 때문에 차기 총리군으로 분류될 만한 중진들의 리더십도 붕괴했다. 2000년 오부치 게이조의 급서 이후 정당성이 없는 파벌 간 밀실 합의를 통해 구후쿠다파 소속의 모리 요시로森喜朗가 차기 총리로 낙점되자 이런 분열상은 극에 달하게 되었다. 모리 요시로는 망언과 안하무인 태도로 구설에 오른 끝에 역대 최저에 가까운 지지율로 지도력을 상실해 곧 물러났다.

고이즈미 준이치로는 이러한 전대미문의 위기에서 반전을 모색하는 데 성공했다. 총재 경선에서 "자민당을 부숴버리겠다"라는 구호를 전면에 내세우며 '개혁가'의 이미지를 선취하여 2001년 4월 끝내 총리직을 거머쥔 것이다. 전임이었던 문제적 총리 모리 요시로와 같은 파벌 소속이고, 심지어 야당의 모리 총리 불신임에 동조하는 당내 반란이 일어났을 때 '방어'하는 쪽에 섰다는 이력 등은 문제가 되지 않았다. 본인이 소속된 파벌을 포함해 모든 파벌을 파괴하겠다는 주장은 곧 기득권을 일소해 부정부패를 막고 당의 민주적 운영을 보장하겠다는, 즉 기득권에 반대하겠다는 가장 확실한 의사 표명으로 받아들여졌다. 그러니까, 이는 '개혁 노선'이라기보다는 '반-반개혁 노선'으로 표현하는 것이 적절

할 것이다.

권력을 잡은 고이즈미 준이치로는 공언대로 각 파벌의 차세대 주자들을 파벌 영수의 동의나 양해 없이 직접 등용하며 파벌 질서를 무력화했고 족의원 등 권력의 근원을 허물겠다는 차원에서 우정 민영화를 추진했다. 당시 일본우정은 은행과 보험 등 금융 업무를 병행하고 있어 여기서 관리되는 자금을 정부, 공기업에 대출하고 주택이나 도로 건설 등의 비용 조달을 쉽게 하는 역할을 맡았다. '삼각동맹'의 예로 본다면, 이는 특히 도로족, 우정족 위주의 구조를 지탱하는 유력한 고리 중 하나로 지목될 수밖에 없었다. 이런 점에서 우정 민영화는 파벌 권한의 약화 외에도 신우파연합이 내세웠던 신자유주의적 개혁을 통한 효율성 제고라는 맥락에서도 필요한 일로 여겨졌다. 이런 행보가 권력을 잡은 후에도 변함없이 개혁을 추진하고 있다는 이미지로 이어졌고, 다시 이것이 국정 수행을 유리하게 하는 동력이 되었다.

아이러니한 것은 고이즈미 준이치로가 자기 구상을 밀어붙일 수 있었던 배경에는 그가 '구태 세력'으로 규정한 과거 정권의 '개혁'이 있었다는 것이다. 예를 들어 고이즈미 준이치로가 파벌 질서에 구애받지 않고 총리이자 총재로서의 권한을 활용할 수 있었던 배경으로는 두 가지 요인을 꼽을 수 있다. 첫째는 총리 관저의 기능 강화가 이미 이전부터 달성해야 할 개혁 과제로 꼽혀왔다는 것이다. 총리 관저 기능의 강화 필요성을 대중적 차원에서 각

인시킨 것은 '대통령형 총리'로 불리며 독자 파벌을 이끌던 나카소네 야스히로였다. 비효율적인 기성 정치가 개혁가적 지도자의 발목을 잡게 해서는 안된다는 것이다. 앞서도 언급했듯이, 신우파연합을 이끈 오자와 이치로 역시 총리 관저 기능의 강화를 개혁의 조건 중 하나로 꼽았는데, 구다나카파 소속인 하시모토 류타로도 전문가로서 정책을 직접 수행한다는 명분으로 총리 관저 기능의 강화를 추진했다. 고이즈미 준이치로는 이런 조건을 십분 활용해 자신의 권력을 '기득권 파괴'에 활용할 수 있었다. 애초의 '개혁 의제'가 '반대의 정치'의 결과물이었기에 가능한 일이었다.

둘째는 비자민 연립 정권이던 호소카와 내각의 소선거구제 개혁이 파벌 영수의 권력 약화로 이어졌다는 것이다. 선거구마다 여러 명의 당선자를 낼 수 있는 중대선거구제일 때는 파벌 간 담합의 결과에 공천 여부가 좌우되었다. 하지만 선거구당 한 명만을 공천한다고 하면 파벌 영수의 권한보다는 총재의 권한이 훨씬 더 막중해질 수밖에 없다. 고이즈미 준이치로는 이를 활용해 우정 민영화에 반발하는 의원들에게는 공천을 주지 않았고 무소속 출마를 강행한 이들에 대해서도 '자객 공천'을 감행해 불이익을 주었다. '우정 민영화 해산'으로 불린 2005년의 이 선거에서 자민당은 단독으로 전체의 3분의 2를 넘는 의석수를 확보할 수 있었다. 우정 민영화 반대는 개혁을 거부하는 것이고, 이는 곧 기득권의 이익에 복무하는 일이라는 정치적 맥락을 만드는 데 성공한 것이다.

고이즈미 준이치로의 정치는 이렇듯 어떤 영역에서는 포퓰리스트적 면모로 표현되었지만 이념의 영역에서는 극우화로 표출되었다. 고이즈미 준이치로의 '개혁'은 자민당 전체로 볼 때는 조직기반 즉 물적 토대를 허물었다는 점에서 '제 살 깎기'로 표현될 수 있었다. 그런데 더 이상 '삼각동맹'이 작동할 수 없다고 한다면, 무엇으로 조직 동원 전략을 대체해야 할까? 고이즈미 준이치로가 주변국들과 마찰을 감수하면서 외교적 우경화를 감행하게 된 이유가 여기에 있다.

예를 들어 고이즈미 준이치로의 야스쿠니 신사 참배는 총재 경선 과정에서 주요 파벌 중 하나였던 나카소네파를 상대로 한 공약을 지킨 것에 불과했다. 하지만 그것이 불러온 효과는 단지 이에 그치지 않았다. 정권의 극우적 이념화는 화해 제스처를 통해 경제적 이익의 재생산에 집중해 온 구 다나카파와의 대결 구도를 더욱 선명하게 하는 역할을 했기 때문이다. 고이즈미 준이치로의 신자유주의 개혁이 글로벌 자본에 유리한 결과를 낳을 수 있다는 점에서 우려를 표시한 국수주의자들도 이 구도 앞에서는 고이즈미 정권의 편을 들 수밖에 없었다. 극우주의는 신자유주의, 즉 시장주의 개혁이 필연적으로 불러올 국가주의와의 균열을 봉합하는 아교 역할을 하면서 '백래시' 국면에 호응하는 것으로 대중 동원 전략의 필요를 충족하는 역할을 한 것이다.

게다가 9·11 테러 이후 전쟁 노선으로 전환한 미국이 전통적 동맹국들과 부담을 나누기로 한 것과 중국 공산당 또한 민족주의 고취를 통해 내부 위기를 탈출하려고 한 것 역시 일본의 극우화를 용인하거나 부추기는 요인으로 작용했다. 2002년 9월 고이즈미 준이치로가 전격적으로 방북하는 과정에서 납북자 문제가 쟁점화된 것도 일본인들에게는 극우화의 알리바이가 되었다. 국제사회를 대하는 데 있어서 일본도 더 이상 가해자가 아닌 피해자일 수 있게 된 것이다. 당시 관방 부장관으로 대북 강경론을 주도한 아베 신조安倍晋三의 인기가 치솟은 것에 대해 나카노 고이치 교수는 《우경화하는 일본 정치》에서 이렇게 서술했다.

> "이렇게 해서 철두철미한 '피해자 의식'에 뒷받침된 아베나 그 맹우들, 포스트 냉전 신세대의 복고적 국가주의는 황국 일본이 근대화 과정에서 싸웠던 모든 전쟁은 '나라를 걱정했기' 때문에 즉 평화를 위한, 자존 자위를 위한 전쟁이었다고 하는 '야스쿠니 사관'의 '피해자 의식'과 완전한 일치를 보았던 것이다."*

---

* 나카노 고이치, 김수희 옮김, 《우경화하는 일본 정치》, 에이케이커뮤니케이션즈, 2016.

이런 차원에서 본다면 2006년 9월 정권을 아베 신조가 이어받은 것은 자연스러운 흐름이었다고 볼 수 있다. 다만 아베 신조의 정치적 미숙함 때문에 고이즈미 준이치로가 만든 '반-반개혁 전선'은 붕괴 수순에 들어갔다. 아베 신조가 신자유주의적 개혁보다는 보통국가화를 위한 정치적 메시지에 힘을 실으면서 우정 민영화에 반대했던 인사들의 복당도 허용한 것이다. 게다가 과도한 측근 기용 및 논공행상식 인사와 이것이 원인이 되어 발생한 정치자금 문제 등 스캔들까지 덮치면서 제1차 아베 내각은 '도련님들'이 '친구들끼리' 꾸린 정권의 이미지가 짙어졌다. 경험 부족이 '기득권'으로서의 이미지를 강화한 것이다. 더군다나 고이즈미 정권이 추진한 신자유주의 개혁의 필연적 부작용인 양극화 문제 역시 사회 쟁점화되었다. 여기에 일본 정부가 연금 기록을 컴퓨터에 입력하는 과정에서 5000만여 건을 누락한 사실 등이 밝혀지자 아베 신조는 갑작스럽게 사임을 표하는 형태로 정권을 잃게 되었고, 뒤를 이은 후쿠다 야스오福田康夫나 아소 다로麻生太郎 역시 비슷한 형태의 난국에서 벗어나지 못했다. 특히 2008년 서브프라임 모기지론 사태로 시작된 글로벌 금융위기의 여파가 일본을 덮치고 자민당 정권이 이에 제대로 대응하지 못하면서 2009년 8월 결국 정권은 교체되고 말았다. 2012년 민주당 정권의 파탄을 딛고 다시 정권을 잡았을 때, 자민당은 이전보다 집요하고 교묘한 형태로 보통국가화를 추진했고 장기집권에 성공했다.

일본 정치의 이 사례는 극우주의가 '개혁'이라는 이름의 포퓰리즘을 타고 정치의 전면에 등장한 과정을 보여준다. 복고적 의제인 극우주의가 '신우파전환'이라는 바람을 타고 전면에 등장해서는 서로 다른 지향을 가진 세력들이 정권을 주고받는 각축전 속에서도 존재감을 키운 것은 진자의 축이 우측으로 이동한 때문이었다. 그 결과 좌측에 있던 사민당 등 전통적 혁신 세력은 보수 정치와 손을 잡거나 자기들끼리 분열해 존재감을 상실했고, 그 빈자리를 애초에 '제3극'을 자임했던 자유주의 정치 세력이 대신하게 되었다. 결국, 정권교체가 어떤 형태로든 반복되었을망정 운동장 자체는 더욱 기울어진 형태가 된 것이다.

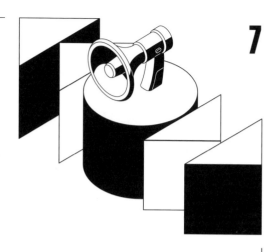

7

진정한 변화의 힘

'반대'가 이미 내포된 체제

그렇다면 전체 운동장, 진자가 아닌 진자 운동의 축을 움직인 근본적 힘은 무엇일까? 한 국가 내 권력의 움직임만은 아니었다. 일본의 신우파전환, 그러니까 개혁을 둘러싼 담론의 흐름은 영국의 대처리즘이나 미국의 레이건주의와 궤를 같이했다. 예컨대 1980년 로널드 레이건Ronald Reagan이 미국 대통령으로 당선된 배경에는 미국식의 신우파전환, 즉 레이건연합의 형성이 있다.

레이건연합은 뉴딜연합에 대한 반작용으로 형성되었다. 프랭클린 델러노 루스벨트Franklin Delano Roosevelt가 추진한 뉴딜정책과 1960년대의 민권운동은 노동계급과 유색인종에 경제정책의 주요 행위자로서 역할을 부여했다. 기업에 기울어진 운동장(체제)에 비판적 태도를 가져온 자유주의 정치와 이에 동조하는 지식인들은 뉴딜을 적극적으로 뒷받침했다. 반면 부유한 자본가들을 포함한 기득권들은 뉴딜 국면에서 상당한 손해를 보았다.

반격의 기회는 1960년대를 거치며 마련되었다. 자유주의자들이 반엘리트적 정서에 편승한 반전운동에 가담하여 '전통적 가치'를 위협하면서 반발이 커졌다. 1970년대 중후반 지미 카터Jimmy Carter 시기에 일어난 일련의 국제적 사건, 예컨대 이란의 미 대사관 인질 사건 등은 도덕주의적 외교의 한계로 비치게 되었다. 구기득권들이 볼 때 대내적으로는 혁신주의 이전으로의 복귀, 대외적으로는 '힘'을 통한 이해관계의 압력이 필요했다. 복음주의자와 신보수주의자들은 이런 흐름을 통해 뉴딜과 혁신주의에 반대하면서 하나로 뭉치게 되었다. 시장지상주의 견해를 가진 부유층과 기업인, 서구 민주주의와 반공주의의 정당성을 주장하는 보수파, '동부 기득권'에 대한 음모론적 시각을 가진 복음주의 신우파가 연합하면서 뉴딜연합에 대한 '반대의 정치'로서 레이건연합이 탄생한 것이다. 이들은 '침묵하는 다수'를 자처하며 레이건주의가 권력을 접수하는 데 결정적 역할을 했다.

이러한 '반대의 정치'로서의 정치 연합은 뉴딜정치가 가졌던 '기득권 반대'의 반동인 듯 보인다. 뉴딜은 그 이전 시기에 심각한 정치·경제적 문제를 야기했던 자본의 경제력 집중에 대한 혁신주의의 반동이었다. 뉴딜은 '진자'를 왼쪽으로 잡아당긴 것이었다. 그러나 레이건 시기의 '진자'는 혁신주의로 기울어졌던 것보다 강한 힘을 받으며 다시 오른쪽으로 쏠렸다. 1970년대의 이른바 브레턴우즈 체제 붕괴와 스태그플레이션 앞에 케인스 이론이 무용해졌다는 평가 속에서 통화주의 이론가들이 부상했다. 이들은 '침묵하는 다수'에 의해 주류화되었으며 '글로벌 스탠더드'의 지위를 갖게 되었다. 그 후 세계는 시장만능주의의 흐름 속으로 급격히 빨려 들어갔다.

신자유주의라는 이름으로 불린 이 패러다임은 진보와 보수로 불리는 정치 세력 모두를 아울렀다. 예컨대 로널드 레이건의 뒤를 이어 대통령직에 오른 '아버지 부시(조지 허버트 워커 부시George Herbert Walker Bush)'는 레이건주의가 남긴 감세의 여파와 탈규제에 발목을 잡혀 국내 문제, 특히 경제적 영역에서 별다른 성과를 내지 못했다. 민주당이 대통령 후보로 내세운 젊은 정치인 빌 클린턴Bill Clinton은 그 덕분에 '바보야, 문제는 경제야'라는 슬로건으로 도약의 계기를 마련할 수 있었다. 1992년 대선에서 승리해 대통령이 된 클린턴이 '반레이건주의'를 주창한 것은 앞서 본 '반대의 정치'나 '진자 운동'으로 볼 때 정해진 결론이었다. 실제로 클린턴 행정부는 부자 증세를 추진했지만 동시에 정부 지출 삭감과 노동과 연계된 생산적 복지로의 패러다임 전환을 모색하는 복지개혁을 추진했다. 이는 비용 삭감을 전제로 아랫돌 빼서 윗돌 괴는 식의 개혁에 불과했는데, 이마저도 뉴트 깅리치Newt Gingrich의 '미국과의 계약'으로 요약되는, 공화당의 강력한 시장주의 강화 요구와 타협한 산물이었다.

고집쟁이와 배신자들

클린턴 행정부의 본질은 무역 문제를 다룬 방식에서 더욱 명확하게 드러난다. 미국 밖에 있는 사람들이 볼 때 클린턴 행정부의 '월스트리트-IMF-재무부 복합체'는 국민국가를 넘어선 권한을 행사하며 환율의 적극적 조정을 비롯해 세계 금융과 무역의 규칙을 재편한 주체였다. 이들의 목표는 금융 불안정성과 위기가 시스템 전체의 위기로 전이되지 않도록 하면서 미국과 월스트리트를 중심으로 한 초국적 자본의 이익을 쟁취하고 보장하는 것이었다. 클린턴 행정부 당시 세 차례나 발동된 '슈퍼 301조'와 같은 문제나 1997년 아시아 금융위기 등은 이들이 현실에서 어떤 방식으로 영향력을 발휘하는지를 적나라하게 드러냈다. 클린턴 행정부에게 타국에 대한 시장개방 압력과 초국적 자본 이윤의 극대화는 결과적으로 미국의 경기회복과 고용 증대, 재정 여력 확보 등의 목표를 충족하는 수단이었다. 즉, 이 시기 민주당 정권의 입장에서는 자국 내 처지를 개선하기 위해서라도 타국을 시장적으로 침공(?)해야 할 이유가 있었던 셈이다.

그런데 클린턴 행정부가 왼쪽 깜빡이를 켠 상태로 우회전을 강요받는 과정은 공화당에도 딜레마였다. 공화당의 새로운 주류 행세를 하던 깅리치 사단은 레이건주의의 유산을 들고 클린턴 행정부를 오른쪽으로 잡아당기는 데 성공하고 있으면서도 자신들의 존재 이유를 찾기 위해 여전히 '반대의 정치'를 해야 하는 처지였다. 보수주의가 우경화하는 정권을 지속적으로 '반대'하기 위해서는 자기네들도 계속 우측으로 달려가는 수밖에 없다. 이를 위해 이들은 주장과 수단, 양쪽에서 극단화를 감행했다. 이들에게 있어 빌 클린턴이 무엇을 하든 그것은 '사회주의'였다. 그것이 의료보험 제도 개혁의 좌초와 엮이면서 1994년 하원 선거는 '보수주의 혁명'이라는 말이 나올 정도로 공화당으로의 쏠림 현상으로 귀결되었다. 하지만 이런 분위기는 선거 결과에 고무된 공화당이 예산안 거부권을 행사한 대통령을 압박해 연방정부 셧다운을 초래하면서 다시 반전되었다. 셧다운은 시민들의 실생활에 큰 불편을 끼쳤는데, 실리적 손해를 눈앞에 두게 된 유권자들이 '반대의 정치'가 조성한 상황을 못마땅하게 여긴 것이다.

하지만 공화당 정치가 레이건주의와 깅리치 사단이 만들어낸 흐름으로부터 벗어나는 일은 없었다. 재검표 소동 끝에 2000년 대선에서 '아들 부시(조지 워커 부시George W. Bush)' 대통령이 등장한 것은 민주당 입장에서는 정권을 강탈당한 것이나 마찬가지였다. 내외 모두에서 다소 취약한 상태에서 출범한 부시 정권이 기댄 것은 클린턴 정권에 대한 반대, 이른바 ABCAnything But Clinton 정책이었는데 이는 실천적으로 복음주의 기독교라는 레이건연합의 한 축에 지지를 호소하면서 이들의 입맛에 맞는 의제를 정치의 한가운데로 밀어 넣는 것으로 표출되었다. 여기에 2001년 9·11 테러는 이슬람 문화권의 외부자들에 의해 발생한 것이라는 점에서 명분을 제공하기까지 했다. '아들 부시' 시기 미국 정치의 양극화는 이런 방식으로 완성되었다. 공화당 온건파들은 당내에 설 자리를 잃었고 심지어 일부는 민주당행을 택했다. 설득과 합의, 토론을 중시하는 척하는 엘리트주의 문화는 공화당 정치에서 사라졌다.

공화당 정치의 이런 특성은 오바마 정권 시기에도 티파티 운동Tea Party Movement이라는 형태로 다시 부상했다. 티파티 운동은 '보스턴 차 사건'의 명칭에서 영감을 얻은 것으로 알려져 있는데, '애국자'들이 영국의 지배에 맞서 그랬던 것처럼 불공정한 세금 부과에 저항하겠다는 취지다. 그런데 이들의 납세 거부 논리는 세금을 내지 않아도 되는 환경의 조성, 즉 정부 재정지출의 극단적 축소로 요약할 수 있다. 따라서 이들은 오바마 정권이 추진한 의료보험 개혁 등을 비타협적으로 반대했다. 이 점에서 티파티 운동은 극단적 보수주의의 한 갈래로 볼 수 있다. 2008년 금융위기 이후 급진적 해결책보다는 중도적 방식을 선호하는 오바마 정권에 '반대'하기 위해 공화당은 티파티 운동에 속수무책으로 끌려갔다. 어떤 의미에서 이것은 클린턴과 깅리치 간 대결 구도의 부활이었다.

익히 알려진 것처럼 티파티가 주장하는 '작은 정부'와 시장원리주의는 고소득자와 기득권에 유리하다. 이런 점에서 오바마 정권과 공화당의 대결 구도는 개혁과 보수주의가 정치적으로 격렬히 충돌하는 것처럼 보였다. 2008년 금융위기 이후의 세계에서

'큰 정부'의 귀환은 불가피했다. 오바마 정권의 금융위기 극복 방식은 '국가의 회귀'를 연상케 했다. 그러나 대형 은행을 비롯한 금융자본 살리기 외에 국민의 실생활과 밀접한 문제 해결은 지지부진했다. '1대 99'라는 구도를 내세우며 금융 권력과 모든 기득권을 겨냥한 월스트리트 점령 시위는 이 맥락에서 또 하나의 '반대의 정치'로서 표출되었다. 그리고 이번에는 오바마 정권과 민주당이 이들에게 끌려갔다.

오바마 정권은 최저임금 인상 등 일부 경제정책에서 좌클릭을 감행했지만, 이전 클린턴 정권이 그랬던 것과 마찬가지로 금융 권력과의 결별을 감행하지는 못했다. 기득권 통치를 책임져야 하는 입장에서 이는 불가능한 과제였다. 따라서 월스트리트 점령 시위가 기득권에 반대하는 요구 중 '정의'와 관련된 사회문화적 문제만 손을 대고 마치 기득권 반대 정서에 편승하는 것처럼 전략을 구사했다. 성별, 성적 지향, 인종 등 차이에 의한 차별의 해소와 이들에 대한 적극적 권리 구제는 오바마 정권의 트레이드마크처럼 인식되었다. 이는 기성 정치의 영역에서 '유리 천장'을 깰 능력을 갖추었으나 바로 그 '유리 천장'에 막혀 대권을 거머쥐시 못한 힐러리 클린턴Hillary Clinton의 부각으로 이어졌다.

2016년 미국 대통령 선거는 바로 이런 국면에서 치러졌다. 도널드 트럼프의 부상은 민주당 권력이 기득권인 금융 권력과 결별하지도 못하면서 자신들에게 사회문화적 정의를 강요(?)하는 것은 불공정하다고 생각한 백인 기득권의 퇴행적 저항이었다. 이들의 세계관에서 금융 권력과 '흑인-엘리트' 버락 오바마는 제조업을 사실상 중국에 팔아넘겨 하루하루 성실하게 살아갈 뿐인 백인을 희생양으로 삼는 새로운 기득권이었다. 이들 새로운 기득권은 사회적 정의라든가 정치적 올바름 등의 명분으로 무장하고 있다. 이들에 깅리치 사단이나 티파티 운동의 방식으로 맞서는 것은 명분과 논리를 앞세우는 또 다른 기득권의 방식으로 비칠 뿐이었다. 이제는 욕망에 충실해야 했다. 원래 우리의 것을 내놓아라! 이것이 트럼프 지지자들이 '미국을 다시 위대하게Make America Great Again'라는 퇴행적 구호에 열광한 이유다.

트럼프 행정부는 이러한 지지자들의 기대에 부응하려는 듯 '미국 우선주의'를 표방하고 중국과 무역 협상을 벌여 소모적 힘겨루기에 나서는 등 나름대로 노력하는 모습을 보였으나 역시나 성과는 없었다. 전문가들은 트럼프 행정부가 중국을 견제한다는 명분으로 꺼내든 고율 관세 부과 등 무역제재가 오히려 미국 경제에 좋은 영향을 줄 수 없다는 지적을 앞다투어 내놓았다. 미중 무역 협상은 결실을 거둘 듯하다가 갈등 국면으로 회귀하기를 반복했다. 실제로 중국과의 승부에 마침표를 찍기보다는 드라마틱한 갈등의 장기화를 택해 국내 반중 정서에 편승함으로써 정치적 이익을 거두겠다는 전략이 반영된 것이었다. 이런 전략은 트럼프의 각종 기행이 만들어낸 비판 여론과 민주당의 탄핵 표결 감행에도 어느 정도 성공하는 듯 보였다.

하지만 코로나19라는 돌발 변수가 새로운 국면을 창출했다. 정부의 전염병 대응은 국민의 생명과 안전에 중대한 영향을 미친다. '반대의 정치'에서 생명, 안전, 재산에 대한 위협은 용인하거나 타협할 수 없는 실질적인 것이었다. 생명보다 경제를 우선시해 방역을 게을리한 트럼프 정권은 이전보다 훨씬 강력해진 반대 여론에 부딪힐 수밖에 없었다. 그 결과 트럼프는 재선에 성공하지 못한 대통령으로 남았고, 마치 한껏 우측으로 쏠린 진자가 정점에 닿아 다시 돌아오는 것처럼 권력은 민주당과 조 바이든Joe Biden의 손으로 되돌아왔다.

바이든 정권은 '정치적 명분'을 쓸모가 없는 것으로 취급하고 오직 '실리'만을 중시하는 트럼프 정권과 반대인 모습을 보여야 했다. 바이든 정권은 대외적으로 민주주의 등의 가치에 기반한 동맹 구도로의 재편을 모색했다. 또 바이든 정권은 대내적으로도 방역 관리 강화와 소수자 구제 등 사회적 정의에 초점을 맞추며 트럼프와 차별화를 시도했다. 그러나 대중국 강경책은 양상을 달리했을 뿐 그대로 유지되었다. 바이든 행정부의 동맹에 기초한 대외적 압박은 중국과 러시아 등의 독특한(?) 체제를 용인한 트럼프 시기와 비교할 때 오히려 협상의 가능성을 협소하게 만들었다. 실제로 바이든 정권의 초대 국무장관을 맡은 토니 블링컨Tony Blinken은 "트럼프의 대중국 강경책은 옳았다"라고 했다. 심지어 요직을 맡은 일부 관료는 트럼프 정권이 했던 것보다도 강한 대중 압박이 필요하다는 발언까지 했다.

바이든 행정부가 거의 모든 영역에서 트럼프 정권과의 차별화를 시도하면서도 대중 압박에 있어서만큼은 다른 모습을 보이지 않게 된 이유는 무엇일까? 미국인들의 반중 정서에 편승하고 있다는 것은 해답이 아니다. 왜 하필 반중 정서에 편승하느냐는 질문의 답을 고민하는 것이 더 중요하다.

클린턴 행정부와 오바마 행정부의 차이를 비교해 보자. 두 정부는 민주당 정권이며 사회적 진보를 지향했다는 점에서 공통점을 갖지만, 경제 영역에서는 일부 차이를 보였다. 클린턴 행정부는 어쨌거나 작은 정부와 금융 권력의 강화라는 신자유주의의 패러다임에서 자유롭지 않았고, 이를 해외에 전파하는 역할을 떠맡았다. 반면 오바마 정권 시기에 득세한 것은 신자유주의에 비판적이면서도 일부 쟁점에 대해서는 타협적인 신케인스주의 계열의 학자들이었다. 글로벌 금융위기 극복을 위해서는 국가의 적극적 역할이 필요하다는 것인데, 이 점이 오바마를 클린턴보다 진보적인 정치인으로 보이게 하는 측면도 있었다. 그렇다면 오바마 정권이 클린턴 정권보다 실제로 진보적이었을까? 그랬다면 이는 어떻게 가능했을까? 클린턴 정권이 기대에 미치지 못했다는 사실이 오바마 정권에 자양분이 된 것일까, 아니면 오바마 정권을 주도한 인물들이 좀 더 능력 있고 주도면밀했던 것일까?

대립해도 그대로인 체제

이런 질문에 대한 답을 좀 더 명확하게 보여주는 것은 일본의 아베 신조 정권이다. 아베 신조의 첫 번째 집권기에 대해서는 앞에서 이미 다루었는데, 놀라운 것은 아베 신조가 2012년에 다시 집권한 뒤에는 역대 최장수 총리 기록을 갈아치우며 안정적 권력 기반을 만들어내는 데 성공했다는 점이다. 아베 신조 본인은 이러한 비결을 묻는 질문에 '어떤 깨달음의 결과'라고 말한다. 첫 번째 집권 때는 핵심 어젠다를 조급하게 밀어붙였지만 총리 자리에서 내려와 이를 반성하고 대중에 반발짝만 앞서 가기로 결심했다는 것이다.

하지만 아베 신조의 장기 집권 비결을 과연 이러한 '절치부심'으로 설명할 수 있는 것일까? 오히려 구조, 즉 체제의 문제를 짚어보아야 한다. 아베 신조의 첫 번째 집권기는 신자유주의-포퓰리즘의 여진이 남아 있던 시대였다. 정치권이 만들고 대중이 추인한 '개혁' 담론은 기성의 유착 구조를 허물고 경제는 물론 사회 문화 차원까지 '시장원리'를 적용해야 한다는 것이었다. 앞서도 보았듯이 이는 필연적으로 국가주의적 우파와의 균열을 초래했다. 따라서 '개혁'과 회고적 국가주의의 봉합이 필요했는데, 고이즈미 정권이 '극장정치'라는 평가를 받기도 한 반기득권 캠페인을 통해 이 과제를 달성한 반면 국가주의적 기득권에 속했던 아베 신조는 이에 실패했던 것이다.

반면, 아베 신조가 재집권한 2012년의 세계는 6년 전과는 확연히 달랐다. 2008년부터 시작된 글로벌 금융위기와 동북부 대지진과 후쿠시마 핵발전소 사고라는 재앙은 대중이 강력한 국가적 리더십을 요구하는 계기가 되었다. 이들에게 아베 신조는 정부가 중심을 잡고 추진하는 변화와 피해 복구, 경기 부양을 추진할 적임자로 보였다. 이것이 '아베노믹스'라든가 '세 개의 화살' 따위가 각광을 받게 된 경위다. '세 개의 화살'은 완화적 통화정책, 적극적 재정정책, 구조개혁을 통한 성장정책을 말하는데, 하나같이 국가의 적극적 역할이 필요한 과제다. 아베 신조가 집권 직후 중앙은행의 전통적 역할에 비판적 입장을 보여온 구로다 하루히코黒田東彦를 일본은행 총재로 임명한 것은 단적인 예다. 과거였다면 이런 인사는 어떤 종류의 유착이거나 최소한 중앙은행의 독립성 훼손으로 보였을 것이다. 그러나 위기를 수습해야 하는 비상한 상황에서는 용인되었다.

　그뿐만이 아니다. 총리 관저 주도의 정치는 신자유주의-포퓰리즘이 견인해 온 개혁의 중심축이다. 어찌 되었건 기성의 기득권을 '개혁'하려면 이를 수행할 지도자의 손에 강력한 무기가 쥐어져야 했고, 이는 곧 총리 관저 권력 강화의 명분이었다. 하지만 아베 신조의 두 번째 집권기에는 이 무기가 국가주의의 강화, 즉 보통국가화의 추진에 동원되었다. 물론 보통국가화는 애초에 '신우파전환'이 수면 위로 떠오르던 때부터 개혁 패키지에 포함되었

다. 예컨대 오자와 이치로의 보통국가론은 국가주의의 강화라기보다는 국제화와 강대국의 책임이라는 맥락 속에 위치했다. 그러나 아베 신조 시기의 보통국가화는 그 자신의 국가 비전을 논한 《아름다운 나라로美しい国へ》에 묘사된 대로 전후에 채워진 족쇄로부터의 탈출에 가까웠다. 그리고 그것의 실천적 결론은 전쟁 이전의 좋았던 시절로 돌아가자는, 회고적 복고주의로 받아들여졌다. 자민당의 퇴행적인 개헌안은 이런 비판을 뒷받침했다.

아베 신조 정권의 안보법제 시행과 집단적 자위권 행사 용인은 이런 맥락에서 특히 젊은 세대 일부의 격렬한 반발을 불러일으켰고, '신우파전환' 등의 개혁으로 형성된 전선에 균열을 일으켰다. 전학공투 시절 '논섹트래디컬'*의 재현처럼 보인 쉴즈SEALDs, Students Emergency Action for Liberal Democracys와 같은 단체들은 일본의 독자적 전쟁 수행 능력 확충과 이의 배경이 되는 국가주의의 강화를 비판의 대상으로 삼았는데, 그것은 자유와 민주주의를 내걸고 이루어지는 반기득권 활동에 충실한 것이었다. 그러나 이런 반발도 아베 신조의 장기 집권을 멈추는 결정타가 되지는 못했다. 아베 신조의 통치에 브레이크가 걸린 것은 과거 개혁의 대상으로 지목되었던 '유착'을 다시 떠올리게 하는 일련의 스캔들이었는데, 이것 역

---

* non+sect+radical. 영어를 합성한 일본의 조어로, 당시 특정 정파에 속하지 않았던 좌익 그룹을 일컫는 말이다.

시 대중적 요구의 수용이 아니라 병세가 악화되었다는 핑계로, 사실상 아베 신조 스스로 사퇴의 결단을 내리고 스가 요시히데菅 義偉 내각이라는 임시적 합의로 당내 봉합을 시도하는 것으로 귀결되었다. 즉, 아베 신조의 권력은 엄밀히 말해 이 시점에서 대중의 심판대에 아직 오르지 않은 것이다.

이 과정을 돌이켜보면 일본의 통치 권력은 구 기득권에서 신기득권으로, 다시 구 기득권으로 넘어갔다가 되돌아온 것처럼 보인다. 하지만 사회 전체의 흐름에서 보면 최근의 결정적 변화는 2008년 글로벌 금융위기 이후 신자유주의적 개혁의 세계적 유행이 끝나갈 때쯤 구체적 계기가 마련되었다고 할 수 있다. 아베 신조 제1차 집권은 실패로, 제2차 집권은 성공으로 이어진 데는 이 영향이 있었다. 그리고 그것은 한국을 비롯한 다른 나라도 마찬가지였다.

이제 한국의 경우를 보자. 박정희 정권은 국가주의적 수출 주도 성장 체제를 안착시켰지만 정권 내부에는 당시 세계적 조류에 따라 더 원리적인 시장주의로의 전환을 요구하는 목소리가 있었다. '안정화'로 일컬어진 이런 주장은 독재자인 박정희 본인에 의해 가로막혔으나 10·26 이후 전두환 정권을 통해 본격적으로 힘을 받기 시작했다. 그러나 이른바 '안정화론자'들의 주장은 정치적 이해관계와 구조적 관성에 의해 충분히 관철되지 못했다. '세계화'를 내건 김영삼 정권이 상황 관리에 실패해 외환위기를 불러 들인 이후에야 극단적인 시장원리주의는 지배 이데올로기로서 위력을 갖기 시작했다.

김대중 정권은 이전 정권이 번번이 실패했던 시장원리의 강화를 외환위기 수습과 '개혁'이라는 명분으로 관철했다. 이것은 일본의 사례에서 본 '신우파전환' 담론과 본질적으로는 동일한 것이었다. 김대중은 야당 정치인이던 시절부터 독재 대 민주 구도를 차용해 박정희식 국가 주도 수출 경제를 시장 주도와 이를 통한 자립으로 바꿔야 한다고 주장했으므로 어찌 보면 당연한 일이었다. 이런 면모는 김대중의 취임사 중 다음과 같은 구절에서 분명하게 드러난다.

"올 한 해 동안 물가는 오르고 실업자는 늘어날 것입니다. 소득은 떨어지고 기업의 도산은 속출할 것입니다. 우리 모두는 지금 땀과 눈물과 고통을 요구받고 있습니다. 도대체 우리가 어찌해서 이렇게 되었는지 냉정하게 돌이켜 생각해 봐야 하겠습니다. 정치·경제·금융을 이끌어온 지도자들이 정경유착과 관치금융에 물들지 않았던들, 그리고 대기업들이 경쟁력 없는 기업을 문어발처럼 거느리지 않았던들 이러한 불행한 일은 일어나지 않았을 것이라고…"

정경유착과 관치금융, 재벌 중심의 경제가 파국의 원인이라고 하면 문제의 해결은 이를 가능케 한 연결고리를 해체하는 것에서 시작해야 한다. 정경유착의 해결은 경제에서 정치의 간섭을 제거해 시장원리를 제대로 구현하면 된다. 관치금융에서도 마찬가지로 '관'의 영향, 즉 정책적 고려의 여지를 없애 이익이 될 때만 돈을 빌려준다는 금융 본연의 자세로 돌아가게 하면 된다. 노동시장도 마찬가지다. 김대중은 이미 당선자 신분일 때부터 'IMF 플러스'라는 형태로 정리해고를 수용하는 방안을 미국에 전달했다. 이는 구제금융을 용이하게 만들기 위한 협상안이었지만 결국 경직된 노동 구조가 비효율을 심화한다는 주장에 영향을 받은 결과라고 볼 수밖에 없다. 마찬가지로 김대중 정권에서 비대한 공기업은 경제가 파탄에 이른 원인 중 하나로 지목되었고, 자연스럽게 공기업 민영화가 추진되었다. 또 외국 자본 유치를 위해 자본시장의 개방 또한 같은 논리로 더욱 급진적으로 실현되었다. 복지제도는 '생산적 복지'라는 패러다임으로 안착되었는데, 전문가들은 그것이 서구식 복지국가와 신자유주의 개혁의 절충인 이른바 '제3의 길' 노선이라고 평가한다.

김대중 정권의 뒤를 이어 집권한 노무현 정권은 정치적으로는 앞선 정권 모두를 구태한 것으로 묘사하며 차별화를 꾀했다. 하지만 경제정책에서는 통치의 연속성에서 자유로울 수 없었다. 금융화와 대외 개방은 계속되었고, '동북아 금융 허브'라는 개념이 이를 장기 정책 및 비전으로 포장하는 역할로서 등장했다. 한미

FTA 추진 역시 이런 행보의 일환이었다. 노동시장 유연화 또한 '네덜란드 모델'이라는 알리바이를 들먹이며 변함없이 추진되었다. '네덜란드 모델' 혹은 유연 안정성 모델은 생산성 강화를 위해 고용 유연화를 추진하고 불안정 노동 증가와 양극화 등 부작용을 상쇄하기 위해 사회 안전망을 강화하며, 이를 위한 비용을 자본과 분담하는 것을 핵심으로 한다. 불행히도 노무현 정권에서는 고용이 유연해졌을 뿐 사회 안전망 확충이나 자본의 사회적 책임 강화 등은 진전을 보지 못했거나 소극적 수준에서만 이루어졌다.

정권이 교체되어 이명박 정권이 들어서자 보수주의자들의 시대가 다시 열렸다. 보수주의자들의 통치 비전은 이전 정권과 달랐지만 동시에 유사했다. 이른바 '747'로 잘 알려진 4대강 사업이나 고환율 정책 등은 토목 사업을 통한 경기 부양과 통화정책 개입이라는 점에서 언뜻 차별화로 보였다. 그러나 큰 틀에서 보면 강조점이 다를 뿐 이명박의 정책도 이전 정권과 마찬가지로 필요에 따라 추진하던 범주 안에 있었던 것이다. 메가뱅크 추진이나 법인세 인하 등도 이명박 정권이 더욱 급진적으로 추진했다 할 뿐이지 금융산업의 대형화나 감세라는 흐름에서는 노무현 정권과 큰 차이를 드러낸 것은 아니었다.

흐름이 바뀐 것은 2008년 글로벌 금융위기가 남긴 위기의 꼬리가 길어지면서였다. '비즈니스 프렌들리'로 기대했던 '낙수 효과'

는 없었고, 수출 기업에 혜택을 주기 위한 환율 관리가 수입 물가 급등으로 이어져 양극화는 심화되었다. 2010년부터 이명박 정권의 경제 슬로건은 '동반 성장'이었는데, 이런 전환은 정책적 자기반성의 결과라기보다는 세계적 대세를 반영한 측면이 컸다. 글로벌 금융위기 덕에 신자유주의가 세계적으로 퇴조하고 고용, 복지, 기후변화 등을 중시하는 패러다임이 부상했던 것이다. 이런 움직임은 일부 재벌의 반발을 초래했다. 예컨대 삼성의 이건희는 이명박 정권이 추진한 초과이익공유제에 대해 "어릴 때부터 기업가 집안에서 자라 경제학 공부를 해왔으나 이익공유제라는 말은 들어보지도 못했고 이해도 안 가고 도무지 무슨 말인지를 모르겠다", "부정적이다 긍정적이다를 떠나서 도대체가 경제학 책에서 배우지도 못했고, 누가 만들어낸 말인지 사회주의 국가에서 쓰는 말인지 자본주의 국가에서 쓰는 말인지 공산주의 국가에서 쓰는 말인지 모르겠다"라고 할 정도였다.

글로벌 금융위기의 여파는 박근혜 정권의 정책 슬로건인 '창조 경제'에도 반영되었다. 이는 최순실(개명 후 최서원)의 작품이라는 설도 있는데, 박근혜 임기 내내 의미하는 바를 놓고 논쟁이 이어졌던 사안이다. 논의의 시작이 어찌 되었든 '창조 경제'는 결국 첨단 과학과 문화 콘텐츠를 제조업과 결합하겠다는 것이었다. 이것은 글로벌 금융위기 이전에 금융산업의 발전에 방점이 찍혔던 것과 차별화된 비전으로 보인다. 즉, 완전히 새로운 전략을 꺼내든 것이라기보다는 글로벌 금융위기 이후 더는 금융산업 발전을 중심에 놓는다는 비전을 고수하기 어려운 상황에서 다시 제조업으로 선회한 결과였다는 것이다.

그것은 미국 역시 마찬가지였다. 금융으로부터의 선회는 산업구조의 고도화에 따라 제조업을 중심으로 성장 전략을 짜온 중국 등 후발 주자들과의 갈등을 야기할 수밖에 없었다. 특히 중국의 제조업은 이미 상당히 고도화·첨단화된 상태여서 충돌이 불가피했다. 앞서 언급한 미중 간 패권 경쟁이라는 체제적 사건 역시 이러한 구조적 변화의 영향하에 있다. 따라서 금융화를 포기하고 전통적인 산업구조로 회귀하려는 국가들의 경우, 제조업을 중심에 놓되 다른 국가와의 경쟁에서 우위를 확보할 전략이 필요했다. 그것이 박근혜 정권에서는 '창조 경제'라는 슬로건으로 제시된 것이다. 본질적으로 보면 앞서 이명박 정권의 '동반 성장'도 마찬가지였다. 금융산업 발전을 통한 성장 동력 확충이라는 전략이 시작부터 어그러졌으니 자본의 십시일반(?)을 강제하려 했던 것이다. 박근혜 정권이 추진한 기업소득환류세제 등의 정책 역시 글로벌 금융위기 이후 이명박 정권의 행부와 같은 흐름 속에 있다고 볼 수 있다.

이런 일련의 흐름을 보면 경제정책은 정권의 교체나 지도자의 철학보다는 대외 환경의 변화가 더 큰 영향을 미친 것이 아닌가 싶다. 문재인 정권도 마찬가지였다. 문재인 정권은 소득 주도 성장, 혁신 성장, 공정 경제 등을 내걸었는데, 그중 혁신 성장과 공정 경제는 특히 의도와 목표라는 차원에서 앞선 창조 경제나 동반 성장과 유사한 면을 갖고 있다. 반면 소득 주도 성장과 최저임금 인상으로 요약되는 노동 친화적 정책은 일회성 캠페인으로 귀결되거나 '중규직'으로 표현되는 자회사를 통한 정규직 전환 정도의 수준에 그쳤는데, 이마저도 조기에 흐지부지되는 비극을 맞았다.

　이러한 사례들은 체제적 차원에서 '반대'의 결론이 하필이면 시장만능주의로 귀결된 이유를 보여준다. 개별 정권의 선택은 결국 더 큰 틀에서 체제의 대세를 따라가는 것으로부터 벗어나지 못했다는 것이다. 여기서 '체제'의 지향을 관철하는 주체에 대해서는 지주형이 《한국 신자유주의의 형성과 기원》에서 언급한 IMF나 세계은행, 세계무역기구 등의 초국적 통치기구와 계급-지식 엘리트의 정보 정책 네트워크 등의 결합으로 이해할 수 있다. 그리고 이것이 바로 엘리트 체제, 즉 '기득권'이다. 그런데 2008년 글로벌 금융위기와 이에 뒤따른 각국의 자국우선주의 발흥은 이 결합에 균열을 일으켰다. 이것이 이명박 정권 후반기의 국면에 영향을 미친 것이다.

　다만 이러한 균열로 인하여 체제 그 자체가 위기에 봉착했다고 보기는 어렵다. 예컨대 영국의 사회학자 밥 제솝Bob Jessop은 서구 자본주의 국민국가가 케인스적 복지 국민국가로부터 '슘페터적 근로 연계 복지 탈국민 체제Schumpeterian Workfare Post-national Regime'로 변모하는 현상이 관찰되었다고 주장한 바 있다. 지주형이 《한국 신자유주의의 기원과 형성》에서 서술한 바에 의하면 '슘페터적 근로 연계 복지 탈국민 체제'로의 변화는 계급—지식 엘리트 네트워크에 연계된 경제 관료를 중심으로 권위적으로 이루어지는데, '법과 질서'라는 측면에서 행정부 권력 강화와 민주주의의 사법화 및 형식화를 동반한다. 이러한 변화를 통한 신자유주의 국가의 기능 조정은 다음과 같은 특징을 갖는다. 첫째, 국가 스스로가 '관념적 총자본가'가 되어 전략적 산업의 비전을 제시하고 금융혁신과 금융상품의 확대를 지원하며 투자의 안전성·수익성을 보장하려고 한다. 둘째, 복지를 노동과 연계하여 개인화하고 노후나 건강 등의 리스크 관리는 연기금이나 보험처럼 금융투자의 형식을 띤 사적 수단으로 대체한다. 셋째, 시장 개방과 금융 자유화 및 지역 경제공동체와 자유무역협정 등 블록화를 통해 국민국가의 탈국민적 확장이 기도된다. 넷째, 하향식 통치에서 물러나 수평적 협치라는 양식을 도입해 자본의 건의를 적극 수용하고 관민 협력을 통해 정책과 통치 권한을 자본에 이양한다. 이를 통해 국가의 역할은 협치의 틀과 규칙을 제도화하는 '메타—협치'로 전환된다.*

이것을 우리의 현실과 비교해 보면 어떨까? 밥 제솝은 한국의

* 지주형, 《한국 신자유주의의 기원과 형성》, 책세상, 2010년.

경우를 국가적 개입을 통한 선진국 추격 및 산업 보호 등을 핵심으로 하는 '리스트적 근로 국민국가Listian Workfare Nation State'의 한 부류로 달리 평가했지만, 적어도 1997년 이후 신자유주의 개혁이 주류가 된 이후도 그러한가는 따져볼 문제다. 서구의 기준으로 한국 사회를 분석하더라도 산업구조를 둘러싼 변화의 양상은 다르더라도 경향 자체는 유사한 흐름이었다고 볼 수 있다.

　이런 점에서 여전히 주류의 통치 구조 자체는 굳건히 유지되고 있다. 적어도 '반대의 정치'는 오직 대립하는 양쪽이 서로를 반대하기 위한 조직 수단으로만 기능할 뿐이다. '반대의 정치'를 각 진영이 치열하게 전개했는데도 통치의 결과는 대세를 따르는 것으로, 사실상 같은 결과에 도달했던 이유가 여기에 있다. 이것이 움직이는 진자의 축이며, 결국 '구조'라는 결론에 도달할 수밖에 없는 이유다.

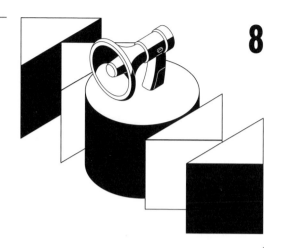

8

엘리트주의와 포퓰리즘

'민주적 통제'는 무엇이었나

이미 진자의 축이 어느 쪽으로 이동할지 결정되어 있다고 한다면 우리의 민주주의는 단지 어차피 되돌아올 진자의 왕복을 추동하는 도구에 불과한 것일까? 민주주의는 진보적 변화를 추동하는 것에는 아무짝에도 쓸모가 없는 것일까? 이 질문에 대한 답은 전제에 따라서 '그렇다'일 수도 있고 '아니다'일 수도 있다. 오히려 여기서 중요한 것은 '우리에게 민주주의란 무엇이었는가'라는 질문에 답하는 것이다.

앞서 다룬 사례 중에서도 '민주주의'라는 구호는 심심찮게 등장했다. 예컨대 초기 미국 연방파와 공화파의 대립 구도에서 공화파는 연방파를 비민주주의적 집단으로 평가했고, 중앙집권적 권력에 맞선 분권화를 통해 목가적 농본주의를 구현하는 것이 민주주의를 실현하는 것이라고 보았다. 대의민주주의 정착 과정에서 연방파들이 시도했던 것들을 전부 왕정의 부활이나 독재의 구현을 목표로 한 것이라고 보기는 어렵다. 또 공화파들이 상상한 바람직한 공동체의 상이 당시 민주주의의 유일한 목표였다고 하기도 어렵다. 그래서 당시 앞장서서 중앙집권적 독재를 구현하려고 한 인물이라는 흑색선전에 시달렸던 알렉산더 해밀턴이 지금까지 10달러짜리 지폐의 인물로 남아 있는 것이다.

체제의 구성원들이 어떤 방식으로든 본인들의 의사를 통치에 반영할 것을 요구하며 목소리를 내는 일은 유구한 역사를 갖고 있다. 넓게 보면 왕조 시대의 농민 반란도 이런 사례의 하나로 볼 수 있다. 그러나 반란에 참여한 농민을 달래기 위해 왕이 나서 민중에 '당근'을 주는 것을 민주주의라고 부르지는 않는다. 민주주의 여부는 단지 피통치자들의 목소리를 통치에 반영하는 것을 넘어, 체제의 원리로서 그러한 일을 보장하고 있는지를 기준으로 판단해야 한다. 즉, '민주주의'라는 레토릭이 실제로 민주주의라는 체제에 어떤 영향을 미쳤는가, 혹은 미치고 있는가를 구체적 사례를 들어 판단하는 것은 중요한 일이다.

'민주주의'라는 레토릭

민주주의는 통치에 참여하지 않고 있는 쪽에 여러모로 유리한 개념이다. 역사적으로 민주주의는 통치에서 배제된 비주류가 통치권을 점하고 있는 주류에 대항하기 위한 개념으로 활용되고는 했다. 이러한 '민주주의'의 요구는 때로 기성 정치의 영역을 넘기도 했다. 혁명은 대표적인 사례다. 예컨대 러시아 혁명 과정에서 등장한 소비에트는 마르크스주의라는 이론의 결과물이라기보다는 '혁명'의 대의를 '민주주의'라는 개념을 통해 현실화한 것에 가까웠다. 러시아혁명은 10년도 안 되어 스탈린이 정적들을 기득권으로 규정하고 독재자가 되면서 좌초했다. 그럼에도 러시아혁명은 '민주주의'를 구체적 방식과 형태로 구현해 보려는 시도였다는 점에서 유토피아적 가능성을 유산으로 남겼다.

아쉽게도 '민주주의'를 전면에 내세운 정치 운동의 역사에서 러시아혁명과 같은 사례는 많지 않다. 불행히도 '민주주의'의 요구 대부분은 무엇에 대한 '반대' 이상의 의미를 갖지 못하고 기성 정치 내의 선택지 중 하나로 수렴되기 일쑤였다.

'민주주의'라는 레토릭은 대부분 엘리트주의 통치에 대한 반대의 의미로 활용되었다. 예컨대 다이쇼 데모크라시* 시대 일본 정치는 번벌관료**와 정당 세력의 대립 구도로 요약된다. 번벌관료는 메이지 유신 이전부터의 기득권을 통치에 활용하는 집단이고, 정당 세력은 새롭게 이식된 민주적 제도 덕분에 등장한 자들

---

* 大正デモクラシ. 제2차 세계대전 이전 1905년경부터 1925년 또는 1931년까지의 기간을 일컫는 개념. 1890년 메이지 헌법으로 도입된 제한적 민주주의가 자유주의적 사회 흐름을 용인한 시기.

** 藩閥官僚. 막번 체제에서 기득권이었던 계층이 메이지유신을 주도했고, 그 후에도 기득권으로 남아 있다는 의미의 표현.

이다. 즉 당시 체제의 권력관계로 보자면 번벌관료는 정치 귀족이고 정당 세력은 민중을 대표하는 자들이었던 것이다. 여기서 정당은 '민주주의'에 기반을 둔, 뿌리 깊은 엘리트 통치의 대립어로 사용된 것으로 볼 수 있다.

'민주주의'라는 레토릭의 이러한 용례는 지금도 유지되고 있다. 예컨대 자민당 정권이 교체된 2009년 중의원 선거에서 민주당은 총선 매니페스토를 통해 '정권 구상 실현을 위한 5대 원칙'을 내걸었는데, 내용은 다음과 같다. 첫째, 관료 주도 정치에서 정치가 주도 정치로. 둘째, 정부 여당의 정책 이원화에서 내각하의 정책 일원화로. 셋째, 부처 할거의 성익 중심에서 관저 주도의 국익 중심으로. 넷째, 수직적 이권 사회로부터 수평적 연대 사회로. 다섯째, 중앙집권에서 지방주권으로 정치 중심축 및 정책 목표 우선순위 변화. 민주당은 이 외에도 5개 책략과 5개 약속을 내걸었는데, 정치 주도의 정책 입안 조정 결정, 총리 관저 기능 강화, 총리 직속 국가전략국 신설, 세금 낭비와 낙하산 인사와 관련한 비합리적 예산 배분 문제 근절 등을 추진하겠다는 내용이다.

여기서도 도드라져 보이는 것은 '관료 주도 정치'를 '정치가 주도 정치'와 대비시키고 있다는 점이다. 실제로 민주당이 중의원 선거에서 승리하자 언론은 관료의 시대가 끝나고 정치의 시대가 왔다는 식의 제목을 단 기사를 전면에 배치했다. '관료가 아니라 정치'라는 개념에는 국민의 의사와 유리된 엘리트 통치의 논리가 끼리끼리 나눠 먹는 부정부패를 촉발하는 원인 중 하나라는 전제가 깔려 있다. 따라서 국민의 의사를 정치가 정확히 전달할 수 있다면 부정부패를 일소해 모두에게 이익이 되는 통치를 할 수 있다는 것이다.

그러나 '관료가 아닌 정치'의 역할을 내세운 사람들이 집권한 후의 통치는 드라마틱한 변화를 보여주지 못했다. 아동수당이나 고속도로 무료화 등에 소요되는 재정 문제에 대한 답을 명확히 내놓지 못해 공약 일부를 수정한 데다가 지역을 고려한 주요 공약 중 하나였던 오키나와의 후텐마 기지 이전이 미국과의 마찰로 사실상 이행 불가능한 상태가 되자 '말 바꾸기' 논란이 불거진 것이다. 게다가 민주당 역시 부정부패와 정치 공작의 진원지로 여겨지던 파벌 문제에서 자유롭지 못했다. 오자와 이치로 그룹, 하토야마 유키오鳩山由紀夫 그룹, 간 나오토菅直人 그룹이 주류를 형성한 상태에서 각자 서로를 견제하는 가운데 비주류에서는 구 사회당 그룹, 마에하라 세이지前原誠司 그룹, 노다 요시히코野田佳彦 그룹이 크고작은 마찰을 거듭하는 형국이 이어졌다. 급기야 2010년 도쿄지검 특수부가 여당 간사장을 맡은 오자와 이치로의 불법 정치자금 수수 의혹을 수사하기 시작하면서 70% 수준이던 하토야마 내각의 지지율은 3분의 1 수준으로 폭락했다. 이 사태를 수습하기 위해 하토야마 유키오는 총리 취임 8개월 만에 오자와 이치로와 동반 사퇴했다. 하지만 엎친 데 덮친 격으로 그 직후 소비세 인상 논의가 점화되면서 민심 이반은 가속화했다.

소비세 인상은 통치의 차원에서 일본 정치의 오랜 숙제였다. 소비세는 플라자 합의 이후 형성된 거품을 관리하기 위해 1989년 3% 세율로 도입되었다. 당시에는 경기가 좋았으므로 소비세 인상의 악영향은 제한적이었다. 하지만 1990년 이후 버블 붕괴 국면에서 소비세 인상은 경기 침체의 국민적 트라우마가 되었다. 그 후 소비세 인상은 재정적자를 메우기 위한 수단으로서 반복하여 거론되었다. 3% 세율이 다른 국가와 비교하더라도 낮은 수준이어서 언젠가는 세율을 올릴 필요가 있다는 것은 통치 엘리트 사이에서는 이미 합의된 바였다. 그러나 소비세 인상이 이미 트라우마적 사건이 되어 있는 데다가 국민 부담의 가중으로 이어질 수밖에 없다는 점에서 정치적 난제였다. 이런 경우에는 정책적 신뢰를 어떻게 확보할 것이냐가 관건이다. 그런데 조세정책의 신뢰를 국정의 다른 분야와 따로 떼어서 별개로 다루는 것은 가능하지 않다. 정권의 총체적 신뢰가 전제되어야 한다. 그런데 민주당 정권은 이미 신뢰를 잃은 상태였던 터라 소비세 인상 논의가 생산적 방식으로 이루어질 리 없었다.

이런 난국의 타개를 위해 하토야마-간 그룹이 꺼내든 카드는 반오자와 캠페인이었다. 같은 세력 내에 소속되어 있었는데도 '기득권' 이미지의 오자와 이치로를 '반대'함으로써 개혁의 신뢰를 회복하려 한 것이다. 무언가에 반대하는 것으로 지지층을 조직하는 근대 정치의 원리 덕인지 민심 이반의 속도는 일단 완화되었다. 그러나 중국, 러시아 등과의 영토 분쟁으로 인한 외교 난맥상에 '뒤틀림 의회'* 문제로 인한 국정 동력 유실이 겹쳐 민주당 정권의 통치는 순조롭게 이루어지지 못했다. 이 와중에 일어난 동일본 대지진과 후쿠시마 원전 사고는 민주당 정권에 결정타가 되었다. 간 나오토의 뒤를 이어 총리로서 민주당 정권의 마지막 키를 잡게 된 노다 요시히코는 핀치에 내몰린 상태에서 관료기구와의 협력 구조를 부활시키고 인기가 없는 소비세 인상을 밀어붙였다. 엘리트 우위의 체제를 부활시켜 위기를 벗어나려 한 조치였으나 이로써 민주당은 자민당과 별 차이가 없는 세력으로 평가받게 되었다. 정권을 잃는 것은 당연한 일이었다.

일본 민주당 정권의 흥망성쇠를 지켜보면 이른바 한국의 민주세력을 떠올리게 된다. 더불어민주당과 문재인 정권도 '민주주의'라는 레토릭을 '관료'라는 기득권을 반대하기 위한 수단으로 동원했다. 검찰개혁 논의에서 '민주적 통제'라는 용어가 즐겨 사용된 이유가 이것이다. 검찰이 무소불위의 권한을 갖고 있기에 어떤 조치가 필요하다는 주장은 일리가 있다. 하지만 그 해법이 '민주적 통제'라는 주장은 어떻게 받아들여야 할까? 만일 '민주적

---

* 중의원은 여당, 참의원은 야당이 장악하고 있어 중의원에서 의결된 법안이 참의원을 통과하지 못해 정권의 통치 동력이 유실되는 현상을 일컫는 말.

통제'를 권한의 분산이나 상호 견제가 가능한 기구의 설치로 정의한다면 그나마 성의 있게 논의해 볼 여지가 있다. 그러나 문재인 정권을 지지하는 일부 지식인들은 '민주적 통제'라는 개념을 사실상 '선출된 권력에의 복종'이라는 의미로 썼다. 이러한 공격은 특히 검찰 조직의 수장인 검찰총장을 향해 제기되었는데, 쉽게 말하자면 정치권력에 부담을 주는, 불필요한 수사는 하지 말아야 한다는 것이다. 만일 검찰총장이 임명권자의 뜻을 거슬러 정권에 부담을 주는 수사를 용인한다면, 이는 민주주의의 원리를 훼손한 것이며 '선출되지 않은 권력'이 '선출된 권력'에 저항하는 것이다.

그러나 검찰총장은 이미 임명 시에 '선출된 권력'인 대통령에게 공권력의 사용을 위임받았다. 검찰총장을 선출된 대통령이 임명하고 역시 '선출된 권력'인 의회가 만든 법률에 따라 검찰이 공권력을 행사하는 것이 민주주의다. 오히려 '민주적 통제'는 수사에 대한 권력의 개입을 정당화하는 개념이 될 수 있다. 심지어 문재인 정권 사람들은 자신들이 야당일 때는 오히려 검찰의 독립성 보장을 요구했다. 검찰의 과잉 수사 등을 해결하기 위한 중립적이고 공정한, 인권을 충분히 보장하는 수사의 제도화는 민주당식의 '민주적 통제'가 아니라 또 다른 기준으로 접근할 일이다.

그런 면에서 한국 정치에서 '민주적 통제'라는 말은 일본 민주당의 '관료가 아니라 정치'라는 구호와 거의 동일한 용례로 쓰인 것이었다고 볼 수 있다. 심지어 정권의 요인에 대한 수사를 '개혁에 대한 저항'으로 규정한 것조차 유사하다. 물론 앞서 언급했듯이 수사기관에 그러한 의도가 없었다고 말할 수는 없겠지만 사태의 본질일 수는 없다.

혹자는 이런 움직임을 '연성 독재'로 규정하기도 했는데, 그런 비판의 취지는 수용할 수 있다. 다만, 어떤 정책이나 정치적 시도에 그러한 면이 있다는 비판은 가능할지 몰라도 문재인 정권 시기 대한민국에 실제로 '연성 독재'가 구현되었다고 말하는 것은 개념적 끼워 맞추기에 불과하다. 오히려 일본 민주당의 사례와 마찬가지로 '민주주의'라는 레토릭이 '반기득권' 캠페인의 포장지 역할을 하는 상태가 통치 방식에 반영될 때 어떤 효과가 일어나는지를 따져봐야 할 문제다.

개혁을 주장하는 정권에서 유독 '코드 인사'가 논란이 되었던 것도 마찬가지 맥락이다. 문재인 정권에서는 특히 '캠코더 인사'라는 말이 유행했다. 대선 캠프 출신(캠)이거나 이념적 코드(코)가 맞거나 더불어민주당(더)이 미는 인사들이 요직을 차지했다는 뜻이다. 문재인 정권 인사 정책의 일방적 편협함을 지적하기 위한 레토릭인데, 왜 이런 상황이 벌어졌는지 따질 필요가 있다.

과거 참여정부에서도 그랬지만 문재인 정권 역시 '관료'에 대한 경계심에서 벗어나지 못했다. 이들의 '관료 서사'는 이렇다. 관료는 기성의 해법에 익숙해 정권의 개혁에 저항할 수밖에 없는 존재다. 때로는 생존을 위해 개혁에 수긍하는 듯한 모습을 보이며 면종복배한다. 그러다 정권의 정치적 동력이 떨어지면 기성의 해법을 대안으로 들고 나서며 정치적 생명 연장을 유지하는 존재다. 따라서 관료에게 휘둘리지 않으려면 시민사회 출신 등 기성의 해법으로부터 자유로우며 개혁에 대한 신실한 믿음을 가진 존재가 요직을 맡을 필요가 있다는 것인데, 이것이 '코드 인사'의 명분이다. '민주적 통제'와 동일한 논리 구조다.

과연 '관료 서사'는 얼마나 사실에 가까운가? 이른바 '개혁'에 관료가 노골적으로 저항하는 사례가 있었던 것은 사실이다. 소득 주도 성장과 최저임금 인상에 대한 저항이 대표적이다. 관료의 저항은 모험적인 정책 추진에 따른 불확실성을 줄이는 효과를 가져올 수도 있지만, '개혁 정부'의 적극적 정책 추진에 걸림돌이 될 가능성도 얼마든지 있다.

그런데 관료 집단이 정권과 정책적 코드를 맞추지 않으려고 한 것은 아니다. 개혁적 정책들은 그들 나름의 '번역 체계'를 거쳐 주류가 소화할 수 있는 형태로 변형되었다. 어떤 의미에서 관료들의 최선이었을 것이다. 이것이 개혁 정책이 기대에 못 미치는 성과를 내며 흐지부지된 배경일 수 있지만, 관료들이 개입하지 않은 형태로 개혁 정책이 추진되었다면 애초의 개혁 의도가 제대로 관철되었을지도 여전히 장담할 수 없다. 즉 관료의 '저항'이 그들 나름의 진정성 있는 노력이었던 것인지, 아닌지는 알 수 없다. 그런데 '관료 서사'는 다른 가능성은 배제하고 '관료의 불순한 의도'에만 초점을 맞추고 있다. 정치권력이 관료를 설득하는 방식으로 통제하는 해법보다 정파적 일체감을 갖고 있는 시민사회 출신 인사에게 권한을 주는 해법이 각광받았던 것도 이런 이유에서다. 그러나 이렇게 권력의 한가운데 등장한 시민사회 출신 인사들은 제대로 된 성과를 내기는커녕 개인 비리 등의 스캔들에 휘말려 오히려 정권의 정치적 부담을 키우는 역할을 하기 일쑤였다.

이런 사람들 중에는 요직을 맡고도 '관료'와 차이가 없다는 비판을 받았던 경우도 많았다. 교수 출신으로 공정거래위원장과 청와대 정책실장을 맡았던 김상조 한성대 교수와 같은 이들이 그렇다. 결국 '출신'이 문제라기보다는 구조의 문제다. 그런데 '민주적 통제'는 이 대목을 외면한다. 그 결과 무언가를 '바꾼다'는 해법은 오히려 구조의 변화나 기성 구조를 떠받치는 존재들에 대한 설득의 가능성을 봉쇄하고, 실제 변화를 이끌어내지도 못하면서 정치적 냉소를 확산시키는 기제로 작용하게 된다.

여기서 한 발 더 나아가면 '민주적 통제'와 극우 포퓰리즘 논리의 공통 지반을 발견할 수 있다. 앞서 도널드 트럼프의 사례에서 보았듯이 극우 포퓰리즘은 엘리트 체제의 기만적 통치 논리를 전제한다. 엘리트 기득권이 내세우는 통치의 정당성이란 자신들의 사익 추구를 위한 수단에 불과하므로 '우리'가 직접 나서 '힘'을 동원해 엘리트 체제를 깨야 한다는 것이다. 도널드 트럼프에게 '나'는 이를 구현할 유일한 인물이다. 그러나 도널드 트럼프야말로 엘리트의 일원으로서 오히려 극우 포퓰리즘의 논리를 통치 이데올로기로 동원했다.

한국 '민주 세력'의 핵심 인물들을 도널드 트럼프와 같은 맥락에서 평가할 수는 없다. 이들 중에는 물론 50억 원대 이상의 재산을 가진 자산가 등도 포함되어 있으나, 트럼프 일당과는 달리 '기득권에 대한 반대'를 향한 진심이 아예 없었다고 보긴 어렵다. 그러나 '이용하는 쪽'이 아니라 '이용당하는 쪽', '믿어줄 것을 호소하는 자'가 아닌 '믿어야 하는 자'의 입장에서 보면, 이쪽이나 저쪽이나 논리상 엇비슷한 정치로 보일 것이다. 극우 포퓰리즘과 '민주적 통제'는 정파적 맥락에서는 별개의 현상일 수 있지만 결국 '민주주의'가 레토릭으로 활용된 결과라는 점에서는 유사하다. 즉, '민주적 통제'와 극우 포퓰리즘은 '레토릭의 민주주의'라는 같은 조상을 갖고 있다.

보수 언론과 '조국 흑서'의 저자 중 일부는 도널드 트럼프와 문재인 정권의 유사성을 지적하며 이를 체제적 이변, 즉 어떤 특수성으로 평가한다. 그러나 두 존재의 비교는 특수성이 아니라 세계적이고 체제적인 보편성이라는 차원에서 보아야 한다. 경우마다 조금씩 다르지만 사실상 같은 맥락의 현상이 세계 각국에서 공통적으로 관측된다.

엘리트주의와 포퓰리즘의 동거

최근의 상황은 의심할 바 없는 엘리트주의로의 회귀다. 트럼프에 대한 실망이 바이든 정권의 탄생으로 이어진 과정이 그랬고, 문재인 정권에 대한 실망이 보수 정치 부활로 귀결된 과정도 그렇다. 이는 단순히 '이쪽'에 실망했으니 '저쪽'을 선택한다는 차원을 넘어서는 현상이다. 좌측으로 한껏 이동했다 우측으로 되돌아오는 진자의 '반동', 즉 엘리트주의로의 회귀는 '레토릭의 민주주의'에 대한 '반대'로서 제기되는 것이다.

일본 리버럴 세력의 변화는 이 과정을 매우 극적으로 보여준다. 아베 신조 제2차 집권기의 모리토모 혹은 가케학원, 그리고 벚꽃 스캔들의 본질은 어떤 종류의 유착이다. 이에 대한 전통적 반대 논리는 강한 권력에 대한 견제인데, 보통 이 견제의 주체는 대중이다. 아베 신조 정권이 너무 많은 권력을 손에 넣은 나머지 권력을 자기 이득에 사용해도 말릴 사람이 없어졌다는 것이다. 그런데 아베 신조 체제는 개혁과 국가적 위기 대응이라는 필요에 따른 '강한 권력'의 탄생을 대중이 지지한 결과다. 실제로 아베 신조 내각에 대한 대중적 지지는 이런 이유로 마지막까지 크게 흔들리지 않았다.

일본 리버럴을 대표하는 《아사히신문》 등이 '관저 주도 정치'와 '관료'를 구분하기 시작한 것도 이 때문이다. 아베 신조 정권의 스캔들은 양심적 관료가 강한 권력을 쥐고 있는 정권에 눌려 알아서 비위를 맞추는 '손타쿠'*의 늪에 빠져 있다는 논리를 부각했다. 이 때문에 퇴행적 국가주의에 경도된 일방적 국정 운영과 부패 스캔들이 동시에 일어난다는 이야기인데, 이러한 진단은 일리가 있고 상당 부분 사실이다.

그런데, 그렇다면 대안은 무엇인가? 예컨대 가케학원 스캔들을 폭로한 장본인인 전 문부과학성 사무차관 마에카와 기헤이前川喜平는 한국 언론과의 인터뷰에서 이런 일을 막기 위해서는 관료들의 독립된 권한을 보장해 충분한 전문성을 발휘할 수 있도록 해야 한다고 주장했다. 역시 '강한 권력'에 반감을 갖고 있던 한국 내의 자유주의 세력은 마에카와 기헤이의 주장에 상당히 호응했다. '손타쿠'를 이 사태의 근본적 원인으로 지목한 《아사히신문》 등 일본 언론들도 같은 시선에서 문제를 제기하고 대안 마련을 요구했다.

그런데 아베 신조 정권이 가진 '강한 권력'의 원천인 관저 주도 정치는 앞서도 다루었듯이 꾸준히 제기된 '개혁' 요구에 기성 정치가 응한, 즉 민주주의적 작용에 대한 결과물이다. 더군다나 이러한 '개혁' 요구에 앞장서 왔던 세력 중에는 다른 누구도 아닌 리버럴 역시 포함되어 있다.

---

* 忖度. 시경의 "타인의 마음을 알아서 헤아려 안다他人有心予忖度之"의 일부로, 윗사람의 심기를 알아서 살펴 행동한다는 뜻으로 쓰인다.

그렇다면 지금까지 '개혁'이라 불러온 '개혁'을 계속 지지해야 하는가? 지금까지의 '개혁'은 어떻게 평가할 것인가? 선택지는 둘 중 하나일 것이다. 첫째는 그동안 제기되어 온 '개혁'에 파산을 선고하고 과거의 시스템, 여기서는 '삼각동맹'의 시절로 돌아가는 것이다.

둘째는 부작용에도 불구하고 '개혁'의 대의를 지킨다는 자세로 미봉적 보완을 시도하는 것이다. 이 길은 한국 문재인 정권의 사례에서 보듯이, 기성 권력과 상황에 대한 '명확한 반대'를 표명하지 않는 노선 변경이라는 점에서, 인기는 인기대로 떨어지고 성과도 분명치 않은 상황으로 귀결될 가능성이 크다. 하지만 둘이 아닌 다른 선택지가 있을 수 있겠는가? 결국, 현실 정치에서 개혁의 실패는 퇴행마저도 감수한 거듭된 '반대'냐, 현상 유지로서의 봉합이냐는 양자택일로 귀결되는 것이다.

이 '테마'는 근대 정치 전체를 통틀어 반복하여 변주되고 있다. 일본 정치에서 있었던 일 중 이 대립 구도가 직접적으로 드러난 사례는 1969년 도쿄대학교에서 있었던 미시마 유키오三島由紀夫와 전공투 학생들 간의 토론이다. 미시마 유키오는 극우주의적 성향을 가진 작가였고, 전공투는 대학 해체와 자기부정을 내건 급진적 학생운동 분파였다. 즉, 이 둘은 정반대의 성향을 가지고 있다고 볼 수 있다. 그런데도 양자 간 토론이 가능했던 것은 '그래도 말이 통했던 시기'라는 등의 어떤 낭만이라기보다는, 현실에 대한 불만이라는 공통 인식이 있었기 때문이다. 여기서 '불만'이란 패전 이후 타자에 강요받으며 절충에 도달한 일본 사회와 여기에 안주하고자 하는 국가—공동체에 대한 부정이다.

문제는 앞으로 무엇을 해야 하는가에 대한 것, 즉 대안이었는데 전공투는 모든 것에 대한 반대와 부정을 내세우고 있는 만큼 '대안은 없다'라는 쪽에 가까운 주장을 내놓았다. 유토피아는 지금 여기의 모든 것을 부정하는 바리케이드 안에서, 불확정인 상태로 모두의 의견을 모아 새로 만들어갈 수밖에 없는 것이었다. 반면 미시마 유키오는 모든 것을 부정하더라도 마지막에 인정해야 할 단 하나의 것, 즉 일본이라는 '실체'가 있다고 보았다. '천황'은 그 사실을 인준하는 존재였다.

일본 사회는 미시마 유키오에게 지켜야 할 것을 지키지 못한 존재였고, 전공투에게는 버려야 할 것을 다 버리지 못한 존재였다. 그러나 이는 개념상의 문제일 뿐 이들이 공유하는 미래가 현재에 대한 '반대'로 직조되어 있는 한, '지키는 일'과 '버리는 일'은 현실에서 종이 한 장의 차이일 수 있다. 바로 그렇기에 미시마 유키오는 "천황이라는 말만 해준다면 여러분과 공동으로 투쟁하겠습니다"라고 말할 수 있었던 것이다.

이 구도를 오늘날 엘리트주의에 대한 갈망과 '기득권 반대'에 초점을 맞춘 포퓰리즘의 대립에 가져와 보자. 일본의 자유주의자들이 한때는 관료와의 유착과 '삼각동맹'을 비판하다 이제는 관료의 양심을 믿고 독립성을 보장하자고 주장하며 모종의 엘리트주의로 다시 기우는 것은 신념이 변했기 때문이 아니다. '반대의 정치'라는 점에서, 마치 미시마 유키오와 전공투 학생들이 엘리트주의의 산실인 도쿄대학교 강당에서 만났던 일과 같이, 둘은 사실상 같다.

기성 정치를 반대해서 극우 포퓰리스트인 트럼프를, 또 트럼프에 반대해서 다시 엘리트주의로 기운 바이든 행정부를 탄생시킨 미국 시민의 경우도 마찬가지다. 물론 바이든과 트럼프를 지지한 미국의 유권자는 명확히 다른 집단인 것처럼 보인다. 하지만 이는 정치적 조직화의 결과다. 양 집단을 강당에 모아놓고, 앞서 미시마 유키오와 도쿄대학교 전공투가 했던 것처럼, 삶에 대한 본질적 주제를 다루는 토론을 붙여본다면 어떨까? 마치 '바이든주의'라든가 혹은 '트럼프주의'가 실제 사람들의 삶 속에 사상의 형태로 존재한다고 보기는 어렵다. 예컨대 트럼프와 거리를 둬온 공화당 내 엘리트 집단들이나, 바이든의 손을 들어준 민주당 지지자들이 알렉산드리아 오카시오코르테스Alexandria Ocasio-Cortez 같은 좌파 포퓰리스트 정치인을 인정하는 상상이 불가능한 것도 아니다. 양쪽 모두 '반대의 정치'의 일종으로서 엘리트주의와 포퓰리즘을 동시에 인정할 준비가 되어 있기 때문에, 즉 그 둘이 모순되지 않기 때문에 이러한 상상이 가능한 것이다.

한국의 일부 개혁주의자들은 '촛불혁명'을 지지하면서 동시에

'청와대 정부'를 비판했다. 왜냐하면 촛불시위는 '비정상'을 바로 잡으라는 것이 핵심이었는데 이 비정상의 핵심 중 하나는 바로 '청와대 정부'이기도 했다. 그런데 문재인 정권이 '적폐 청산'을 내세운 것은, 과거 일본 사회가 관저 주도 정치를 통해 일본을 개혁하라는 것과 같은 맥락에 있다. '적폐'는 용납할 수 없는 비정상이니, 이를 바로잡을 '비상한 권한'을 새로운 권력에 위임한 것이다.

하지만 아베 신조 정권이 그러했듯이, 문재인 정권이 그러한 권한(청와대 정부)을 소유한 것 자체가 민주적 체제의 위협(적폐)일 가능성도 한편 존재한다. 역설적으로 이러한 '비상한 권한'을 통해 과거를 바로잡는 과제 중에는 책임총리제나 책임장관제 등 '청와대 정부'와는 거리가 있는 과제 역시 포함되어 있었다. 심지어 문재인 대통령은 '청와대 정부'가 아닌 '더불어민주당 정부'라는 표현을 쓰겠다고까지 했다.

만일 문재인 정권의 정체가 원래 '청와대 정부'라면, 이런 약속들은 애초에 거짓말이었던 것일까? 아니면 진심이었으나 실행 의지가 부족했던 것일까? 지금까지의 논의로 보자면, '적폐'를 반대하기 위한 수단이거나 반대한 결과라는 점에서 '청와대 정부'나 '더불어민주당 정부'는 별반 다를 것이 없다. 애초에 '비상한 권한'으로 바로잡아야 할 '적폐' 역시 (박근혜의) '청와대 정부'라는, 권한의 집중으로부터 시작되었기 때문이다. 즉, '청와대 정부'는 그 자체로 버려야 할 것이면서 동시에 '더불어민주당 정부'를 쟁취하기 위한 수단인 셈이다. 그렇기 때문에 문재인 정권의 맥락에서 '청와대 정부'와 '더불어민주당 정부'의 구분은 유의미하지 않다. 이것은 비유하자면, 일종의 '시차parallax'에 따른 착각이다. 문재인 정권은 바로 그렇기에 관측하는 사람의 기대와 위치에 따라 다른 모습으로 등장하는 존재일 수밖에 없다.

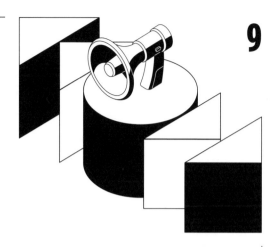

9

시차적 관점

문재인 정권의 통치 패러다임

그렇다면 '민주주의'라는 레토릭을 동원해 '서로에 대한 반대'를 목적으로 하는, '불순한 의도'만 문제 삼는 평가를 넘어 실제로 문재인 정권이 한 일은 무엇인지를 냉정하게 따져볼 필요가 있다. 그래야 우리 시대의 민주주의와 통치의 관계는 무엇인지, 반대만 거듭하는 것이 아니라 한 발짝 더 나아갈 수 있는 민주주의를 어떻게 구현할 것인지를 상상해 볼 수 있기 때문이다.

예컨대 소득 주도 성장은 문재인 정권의 대표적인 거시경제정책 구호였다. 소득 주도 성장이 최저임금 인상 등의 현실을 고려하지 않은 조치로 이어져 경기 전반에 부담을 주었다는 비판은 보수 언론의 단골 메뉴였다. 문재인 정권을 지지하는 자유주의자들은 이에 맞서 소득 주도 성장의 실제 효과와 불가피성을 주장하며 대응했다. 그런데 소득 주도 성장 역시 어디에 서서 보느냐에 따라 모양새가 달라진다. 이 탓에 소득 주도 성장은 문재인 정권의 이상이 흐지부지된 대표적 사례가 되었다.

소득 주도 성장은 무엇을 반대한 결과인가

이론의 차원에서 말하자면, 소득 주도 성장은 임금 주도 성장의 변형이다. 임금 주도 성장은 포스트 케인스주의자들의 주장이 반영된 개념이다. 이전에는 이윤의 수혜자와 사용자에게 유리한 정책이 거시경제의 성장으로 이어진다는 '낙수 효과'와 이를 뒷받침하는 신자유주의 경향의 이론적 흐름이 주류의 자리를 차지했다. 이윤의 증대는 기업의 생산을 자극해 적극적 투자를 유도하며 다시 고용 및 구매력 증가로 이어진다. 따라서 임금 감축과 노동조건 악화에도 이 체제는 모두에게 이익이다. 그러나 2008년 금융위기는 이러한 전략의 효용이 다했다는 증거로 받아들여졌다. 따라서 이와는 다른 길, 즉 노동소득분배율을 높여 수요를 진작하고 기업에 신기술을 도입하도록 해 생산성을 높이는 것으로 선순환 구조를 만들어야 한다는 주장에 힘이 실리게 되었다. 이러한 주장의 근거 중 하나는 포스트 케인스주의자들 중 일부가 수행한 실증 분석이다.

임금 주도 성장론자들은 경제체제가 이윤 주도냐 임금 주도냐에 따라 다른 해법을 적용해야 한다고 생각한다. 예컨대 이윤 주도 경제체제와 친자본적 분배 전략의 결합은 신자유주의로서 자본주의 체제다. 종래의 주류 경제학은 이에 근거한 것이었다. 하지만 어떤 체제가 임금 주도적이라면 친노동적 분배 전략을 결합해야 한다. 이 결과는 전후의 황금시대, 사회적 케인스주의로 나타났다. 만일 이윤 주도 체제에 친노동적 분배 전략을 결합한다면 그것은 '불운한 사회개혁'으로 이어진다. 임금 비중을 높이려는 시도가 경제 둔화를 초래하게 되어 '개혁'이 중단될 수밖에 없다는 것이다. 반대로 임금 주도 체제에서 친자본적 분배 전략을 편다면 '실제적 신자유주의'의 결과를 불러올 수 있다. 친자본적 분배 전략이 금융을 비대하게 하며 수출 의존 성장 또는 부채 주도 성장으로 이어진다는 것이다. 따라서 체제에 따른 해법을 적용하는 것이 중요하다.

그런데 이들의 분석에 따르면 2012년 기준 G20에 해당하는 국가 대부분은 임금 주도 내수 체제이며, 이윤 비중 증가가 민간 초과 수요에 미치는 영향이 부정적인 임금 주도 총수요 체제에 해당한다. 이윤 주도 경향을 보이는 개별 국가도 무역 상대국의 임금 비중이 줄면 수요 감소를 경험할 수 있는데, 세계적 임금 비중 하락이 이윤 주도 국가에도 타격이 되는 이유가 여기에 있다. 세계 경제가 총수요라는 차원에서 임금 주도적이라는 분석은 국제적인 합의, 협상, 조정을 통한 임금 주도 성장 전략의 필요성 및 가능성을 시사한다. 임금 주도 성장은 필요하고 또 가능하다는 것이다.*

---

*마크 라부아(Marc Lavoie)·엥겔베르트 슈톡하머(Engelbert Stockhammer), 〈임금주도 성장론 : 개념, 이론 및 정책〉,《국제노동브리프》제10호(2012년 12월).

임금 주도 성장론은 한국에 와서 소득 주도 성장론으로 변형되었다. 노동소득분배율을 높여 수요를 진작해야 한다는 대목을 자영업자 비중이 높은 한국의 현실을 반영해 일부 수정한 것이다. '수요 진작'이라는 측면에서 보면 합리적 차원의 조정이었을 수 있다. 하지만 핵심을 '수요 진작'이 아니라 '이전 정권의 성장 전략을 반대하는 것'에 놓는다면 얘기가 달라진다. 소득 주도 성장론은 2012년 대선에서 패배한 이후 경제성장 담론이 필요하다는 요구에 당시 문재인 후보 진영이 도입했고, 2017년 대선 승리이후 주요 패러다임으로 등장했다. 즉, 문재인 정권에서 소득 주도 성장은 명확한 이론적·실천적 의제로 도입된 것이 아니라 이전 보수 정권에서 추진한 '낙수 효과' 경제에 대한 '반대'의 차원에서 정치적으로 소비되었다고 보아야 한다.

정권 초기에 야심 찬 최저임금 인상이 '아랫돌 빼서 위에 올리고 윗돌 빼서 아래에 괴기'로 귀결된 이유도 여기에 있다. 만일 권력의 핵심이 소득 주도 성장을 이론적 차원에서 수용했다면, 그러니까 한국 경제를 임금 주도 체제로 판단하고 이에 맞는 친노동적 분배 전략을 수립해야 한다는 이론적 틀을 현실에 적용하려고 한 것이었다면, 최저임금을 포함한 일반적 차원의 임금 인상과 노동조건 개선 시도가 비타협적으로 추진되었어야 했다. 하지만 문재인 정권은 최저임금의 급격한 인상이 자영업자들의 소득 감소로 이어진다는 보수 정치의 반론에 무기력했다. '임금 주도'가 아닌 '소득 주도' 성장이라는 차원에서 보면 저소득층 내의 노동자와 자영업자는 정책 수행의 대상이라는 차원에서 하나의 이해관계로 묶여야 한다. 그런데 최저임금 인상으로 양자가 제로섬 관계에 놓이게 되자 당시 정권으로서는 당혹스러웠을 것이다. 정권은 소득 주도 성장이라는 취지를 살려 일자리안정자금 등의 정부 지출을 늘려 자영업자의 소득을 보전하려 했으나 큰 효과를 보지 못했다. 최저임금 인상이라는 첫발을 떼자마자 함정에 빠진 셈인데, 이렇게 되자 자영업자 소득 감소에 더해 중소기업 부담 증가라는 반론이 더해졌다.

정치적 부담이 커지자 문재인 정권은 최저임금 인상이라는 '생색'만 내고 산입 범위 조정을 통해 실제로는 최저임금 인상을 하지 않은 것과 같은 효과를 내는 절충적 길을 선택했다. 소득 주도 성장을 포기한 것은 아니라는 둥 이제는 포용적 성장이라는 둥 핑계와 말장난으로 패배한 싸움의 퇴로를 장식했다. 이렇게 될 것을 최저임금 인상은 무엇하러 밀어붙였는가? 애초에 소득 주도 성장의 첫 번째 실천 과제가 최저임금 인상이었던 것은, 임금 주도 성장론에서는 중요한 과제인 복지제도 강화, 노동조합의 조직률 상향 및 단체교섭권 강화 등이 소득 주도 성장론에서는 그다지 중요한 과제가 아니었던 탓도 있다. 무엇보다도 소득 분배 강화 의지를 과시하면서 책임은 최소화하는, 가장 쉬운 길을 선택한 결과였다고 볼 수밖에 없다. 이 점에서 소득 주도 성장은 단지 전 정권과 반대되는 무언가를 시도했다는 알리바이에 그쳤다는 평가를 피하기 어렵다.

이 과정을 좀 더 세밀하게 들여다보자. 이때까지 자칭 '민주 세력'은 실질적 민주주의가 무엇인지를 규명하고 이를 관철하는 것보다는 독재를 반대한다는 차원에서의 '민주주의'를 정치적 구호로서 앞세워 왔다. 마찬가지의 구도가 경제정책의 비전에도 투영되었다. 독재 대 민주주의 구도를 국가 대 시장의 구도로 치환한 것이다. 꽤 오랫동안 '민주 세력'의 경제 비전은 국가 주도의 반대로서 시장주의, 수출 주도의 반대로서 내수 주도라는 이분법에서 자유롭지 못했다. 이들의 이러한 태도는 박정희 정권의 해법을 이미 '낡은 것'으로 규정한, 안정화론자들의 비전과 겹치는 것이었다. '민주 세력'이 비주류였지만, 당시 지배 엘리트들에게 통치를 책임질 수 있는 '대안 세력'으로 비교적 수월하게 인준받을 수 있었던 것도 이런 이유에서였다. 이들은 21세기 들어 '신자유주의'라는 세계 정치경제 다수파 블록의 일원으로 완전히 주류화되었다.

그러나 2008년 글로벌 금융위기를 거치면서 '주류'의 흐름이 다시 변화하기 시작했다. 신자유주의는 신케인스주의자들에 의해 '낡은 것'으로 지목되었고, 통화정책을 주요한 경기 조절의 수단으로 쓰는 것을 인정하지만 이제는 재정을 적극적으로 활용해야 한다는 쪽으로 분위기가 바뀌었다. 앞서 보았듯이 이명박 정권 역시 이를 따르기 위해 정책 구호 변경 등을 감행했으나 근본적 차원에서 신자유주의로부터의 전환을 이루어내지는 못했다.

야당으로 전락한 국내의 '민주 세력'도 분위기에 발맞춰 기존의 메시지에 변화를 주려고 했다. 사실 정권을 잃은 직후 '민주 세력'은 대선 패배에도 불구하고 시장주의를 강화하고 이를 위해 국가 자원을 동원해야 한다는 대안에서 벗어나지 못했다. 2009년에 "성장과 분배를 동시에 추구한다"라며 '우클릭' 논란을 일으킨 '뉴 민주당 플랜'이 대표적이다. 하지만 새로운 주류가 '반주류'와 손을 잡고 주류를 공격하는 국면이 전 세계적으로 형성되자 이 변화를 수용하지 않을 수 없었다. '낙수 효과'에 맞선 '분수 경제'라는 레토릭이 동원되었고, 큰 정부와 보편적 복지가 만능열쇠처럼 등장했다. 이에 따라 무원칙한 시장주의의 폐해가 '반MB'라는 정치적 구호의 핵심이 되었다. '민주 세력'과 전통적 진보의 일부는 여기서 손을 잡았다. 신주류가 반주류와 구주류에 대한 반대를 고리로 연합한 것이다.

그런데 2012년 대선 패배를 기점으로 이러한 '반대'만으로는 통치 세력의 비전을 명확히 보여줄 수 없다는 문제가 드러났다. 그렇다고 기성의 성장 담론으로 회귀해 '구주류에 대한 반대'라는 정치적 연합전선을 다시 깨뜨릴 수도 없는 노릇이었다. '소득 주도 성장'이라는 패러다임은 이 딜레마를 해소해 주는, 그야말로 묘수였다. 실제로 '민주 세력'은 '소득 주도 성장'이라는 비주류 정책 담론을 활용해 경쟁 상대를 '구주류'로 규정하는 방식으로 대선에서 승리했다.

그러나 앞서 보았듯이 유리한 선거 프레임으로서 '소득 주도 성장'을 동원하는 것과 실제 통치권을 가졌을 때 '소득 주도 성장'이라는 정책적 패러다임을 관철하는 것은 전혀 다른 문제다. 어떤 세력이든 정권을 잡고 나면, 한국은 내수보다는 수출에 절대적으로 기대는 나라일 수밖에 없고 이 조건을 바꾸기는 대단히 어렵다는 사실을 새삼 깨닫게 된다. 대부분의 경제적 지표가 이러한 조건에 연동되어 있어 수출 경쟁력 확보가 최우선 고려 대상일 수밖에 없는 이상, 친자본적 분배를 포기하기는 어렵다.

신자유주의도 같은 조건으로 적용되었다. 한국에서 신자유주의는 박정희 정권 말기에 등장해 국가 주도의 수출 경제를 우선시하는 '박정희 패러다임'에 반복해서 도전했으나 1997년 외부 충격이 주어지기 전까지는 주류적 패러다임의 지위를 쟁취하지 못했다. 이 점에서 보면 '신자유주의'를 반대하는 정치적 구호로서 '소득 주도 성장'은 독재와 국가주의에 반대한 '시장주의'와 본질적으로 같은 존재라고 볼 수 있다. '시차'가 그 둘을 구분할 수 있는 것으로 보이게 할 뿐이다. 문재인 정권이 초기 개혁을 시도하는 듯하다가 순식간에 기성의 해법으로 회귀한 것은 그저 힘이 부족했거나 준비가 부족했기 때문이 아니라 애초에 예정된 것이었다.

문재인 정권은 비정규직의 정규직화와 같은 문제에서도 유사한 태도로 임했다. 대통령이 직접 인천공항공사를 찾아 '공공 부문 비정규직 제로' 시대를 약속하는 장면은 의미 있는 퍼포먼스였다. 하지만 '공공 부문 비정규직 제로'는 사실상 '자회사 정규직'이라는 해법으로 대체되었다. 일각에서는 정규직이 아닌 '중규직'을 만드는 것이라는 평가도 나왔는데, 이런 해법은 이미 이전의 보수 정권에서도 추진된 바 있다. 즉, 여기서도 문재인 정권은 생색은 내지만 실질적으로는 과거의 해법에서 벗어나지 않는 안전한 해법을 추구한 것이다.

퍼포먼스에 그친 정책은 분배 구조 개선이나 비정규직의 정규직화 자체를 부정하려는 시도에 속수무책이 되었다. 문재인 정권이 추진한 비정규직의 정규직화의 문제는 마치 대통령이 '공정한 경쟁'의 원리를 따르지 않고 정치적 계산만으로 현장을 방문해 불가능한 정규직화를 약속한 '술수'가 문제인 것처럼 평가되었다. 이런 평가에는 맞는 부분도 있지만, '공정한 경쟁'과 '정치적 계산'을 대립시켜 전자를 유일한 대안으로 추구하게 한다는 점에서 '반대'에 대한 또 다른 '반대'를 촉발해 퇴행적 결과로 이어진다. '반대에 대한 반대'를 대안으로 주장하는 쪽도 문제고, 애초에 그렇게 될 수밖에 없는 조건을 예고한 것이나 다름없는 집권 세력도 문제인 것이다.

이런 문제는 소득 주도 성장에 대한 평가에서도 마찬가지로 나타났다. 소득 주도 성장은 문재인 정권이 정치적 목적을 위해 '비주류 정책'을 실험적으로 추구한 것이 문제의 핵심인 듯 다루어졌다. 이런 평가도 일면 타당하다. 그러나 '비주류 정책'이 틀렸다는 것이 '주류 정책'으로 돌아가야 한다는 주장의 근거가 될 수는 없다. 문재인 정권이 추진한 경제정책은 소득 주도 성장이라는 이름만 붙였을 뿐 '비주류 정책'이 아니었고, 실제로 존재하는 '비주류 정책'은 제대로 시도해 본 일도 없기 때문이다.

그러나 엘리트주의에 대한 '반대'로서 제기된 극우 포퓰리즘에 대해 다시 '반대'로서 떠오른 것이 엘리트주의였던 것처럼, 기만적인 '대안'의 '반대'로서 '주류 회귀'의 정당화도 순식간에 이루어졌다. 개혁에 대한 열망은 '각자도생'에서 승자의 지위를 향한 절실한 갈구로 변질되었다. 이런 상황을 가장 적나라하게 보여준 것은 부동산 정책을 둘러싼 논란이다.

부동산 정책과 K방역이 공허했던 이유

문재인 정권의 부동산 정책이 실패한 이유로 전문가들이 가장 먼저 꼽는 것은 임대사업자에 대한 과도한 혜택이 '투기'로 이어졌다는 것이다. 그렇다면 이유는 무엇인가? 정책 입안자들이 투기 수요에서 자유롭지 못한 다주택자들이었기에 당연하다는 '내로남불'설이 설득력 있게 제시된다. 하지만 세상만사의 원인을 '의도가 불순한 이해관계자'의 존재로만 설명할 수는 없다. 이런 일이 일어난 이유를 알려면 애초에 부동산 문제에서 문재인 정권이 무엇을 하려고 했던 것인지를 먼저 짚어야 한다.

문재인 정권의 청사진을 조망하기 위해서는 초기 부동산 정책을 주도한 김수현 당시 청와대 사회수석이 2011년 출간한 《부동산은 끝났다》를 보아야 한다. 문재인 정권이 2020년 이전까지 추진한 부동산 정책의 의도와 목표의 큰 흐름은 이 책에 거의 다 서술되어 있다. 이 책은 주택시장에 대한 연구로 저명한 사회학자인 제임스 케메니James Kemeny의 견해를 인용해 임대시장을 두 가지 유형으로 나누고 있는데, 첫째는 공공임대주택과 민간임대주택이 동일 선상에서 운영되는 '단일 임대시장'이다. 여기서는 자가든 임대든, 공공이든 민간이든 주거 형태에 따른 삶의 격차가 크지 않다. 이런 체제가 가능하려면 복지국가 시스템이 확고해야 하고 각 정치집단 간의 정치적 타협 수준이 높아야 한다.

반면, 빈곤층이 공공임대주택에 사실상 격리(?)되고 각 주택의 점유 형태 간 장벽이 높은 주택시장을 '이중 임대시장'이라고 한다. 케메니는 일본을 이 범주로 분류하고 있는데, 한국도 마찬가지로 보아야 할 것이다. 케메니는 이중 임대시장에서는 공공 임대주택이 확충되더라도 그것이 '빈곤층만을 위한 주택'인 이상 한계가 있다고 주장한다. 민간 영역의 주택시장이 '약육강식의 정글'로 남아 있는 상태에서 공공임대주택이 '피난처'의 역할을 하는 조건에서는 슬럼화의 함정을 빠져나갈 수 없다고 보았다. 따라서 자가주택과 민간임대주택이 일정한 역할 분담을 하도록 해야 한다는 것이다.

한국적 현실에서 보면 여기서 중요한 것이 민간 임대차 제도의 근대화다. 한국의 경우 임대인과 임차인 간 각자의 사정에 따라 전근대적이고 비합리적인 형태의 임대계약이 이루어지는 경우가 종종 있다. 계약에 없는 부담을 임의로 규정해 세입자에게 전가하는 일도 부지기수다. 이런 상황에서 최악의 경우 공공임대주택에 입주하지 못한 빈곤층이 오히려 더 나쁜 조건의 민간임대주택에서 생활하게 될 우려가 있다. 따라서 해외의 사례를 참고해 민간 임대차 시장을 투명화·공식화해야 한다. 여기서 김수현 전수석이 예를 들고 있는 제도의 형태는 이렇다. 집주인들에게 임대 사업자 및 임대 전용 주택을 등록하도록 하고 임대소득세를 부담하도록 하며 동시에 임대주택 관련 지원의 대상이 되도록 한다. 임대 전용 주택에 거주하는 세입자에게는 자동 계약 갱신권을 보장하도록 하고 임대료 수준에 불만이 있을 경우, 지역별 임대료 조정 기구에 조정을 요청한다. 또 소득의 30% 이상을 임대료로 지출하는 가정에는 별도의 보조금을 지급해 세입자와 집주인 모두에게 도움이 될 수 있도록 한다.

이 모델은 투기적 다주택자들에 대한 대응이라는 측면에서 강점이 있다. 예컨대 보유세나 양도소득세, 대출 규제만으로 '투기세력'에 대응하는 것은 정치적으로 쉬운 일이 아니다. 부동산 가격은 끊임없이 변화하고 있으므로 결국 세금 부담이라는 차원에서 '투기 세력'과 고가 주택 소유자, '개혁적' 중산층이 하나의 이해관계로 묶일 가능성이 커지게 된다. 참여정부 당시 종부세 도입 논란과 이에 대한 반발의 배경에 이러한 이유가 있었을 것이다. 하지만 보유세를 1주택자의 예외를 두지 않는 누진적 구조로 재설계하고 임대소득세라는 수단을 더한다면 이러한 딜레마는 해소될 수 있다.*

이러한 '그림' 자체는 충분히 합리적인 데가 있다. 문제는 실제로 정권이 이 정책을 추진하면서 전체 그림을 내놓고 이에 대한 동의를 구하면서 단계적으로 접근했다기보다는 '실수요자'와 '투기 세력'을 구분하고 자산으로서의 부동산 가격을 안정시켜 '실수요자'들에게 이득을 주겠다는 식의 미봉적 부동산 정치로 접근했다는 점에 있다. 만일 정책적 '청사진' 자체에 대한 국민적 동의가 있었다면 임대사업자 등록을 유도하기 위한 혜택이 '투기'로 이어졌다 하더라도 일부 보완을 통해 애초 정책의 취지를 살릴 수 있었을 것이다. 그러나 첫발을 내딛는 과정에서 임대사업자 등록 유도를 위해 과도한 인센티브를 준 것이 '갭투기'의 원인이 되었고, 그것이 '투기 세력'과 '실수요자'의 양분 구도에서 전자의 편을 든 것처럼 되면서 정권은 이 '청사진'을 고수할 동력을 상

* 김수현, 《부동산은 끝났다》, 오월의봄, 2011.

실했다.

황당한 것은 이 과정에서 '김수현 모델'이라는 청사진을 문재인 정권과 그 지지자 중 누구도 성의 있게 설명하지 않았다는 것이다. '과도한 인센티브'의 근거는 앞서와 같은 과정을 통해 추정할 수 있을 뿐이다. 임대사업자 등록 유도는 보수 정권도 추진한 정책이다. 임대소득세가 없는 상황에서 보유세와 양도세만으로 다주택자 과세 문제에 대응하기에는 한계가 있다. 그렇기에 역대 정권도 나름의 '당근'을 제시하며 임대사업자 등록을 유도했다. 그러나 효과는 제한적이었다. 다주택자들이 임대사업자 등록을 해 세제 혜택을 받기보다는, 정치권의 종부세 완화론 등을 활용해 전반적 세금 부담의 완화를 기대하며 버틴 것이다. 뒤집어 말하면 그만큼 임대사업자 등록을 회피하더라도 큰 손해를 볼 일은 없었다는 얘기다. 이런 상황에 임대사업자 등록을 장려하려면 어떤 형태로든 더 큰 인센티브를 줄 수밖에 없다. 물론 더 섬세한 조정과 시장의 이상 과열에 대한 신속한 개입 및 조정이 필요했던 것은 사실이다. 그럼에도 애초의 의도가 명확했다면 일부 실패에 대해서는 국민의 이해를 구하는 것도 가능했을 것이다.

그러나 정권의 누구도 국민을 대상으로 이런 설명을 하지 않았다. 정책적 동의를 구하는 과정도 없었다. 지지자를 포함한 일반 유권자들도 이를 요구하지 않았다. 임대사업자 등록 유도를 위한 인센티브는 그런 정책이 왜 나왔는지에 대한 설명도, 해명 요구도 없이 밑도 끝도 없는 비판의 대상으로 전락했다. 부동산 정책의 관심은 오로지 집값이 떨어질 것인지, 세금이 오를 것인지, 그것이 임대료에 어떤 영향을 미칠 것인지 등 '나의 이익'에만 맞춰졌다. 정책을 내놓는 이들은 선거 등 여론에서의 성과를, 정책의 직접적 영향을 받게 되는 대상자들은 금전적 손익계산만을 고려했다. 정권 후기에 드러난 부동산 정책을 둘러싼 논란에서 대의명분은 그저 정파적 이득을 위한 핑계이며 손에 잡히는 '결과'를 요구하는 지지층과 그것에 충실히 부응하는 정치의 결합에 지나지 않았다. '투기 세력'과 '실소유자'를 구분하는 이야기를 할 뿐 누가 '투기 세력'인지, 바람직한 주택시장을 만들기 위해 '실수요자'가 무엇을 어떻게 부담해야 하는지 대중적 차원에서 전혀 논의되지 않았다. 그렇기 때문에 부동산 정책의 쟁점은 '어떻게 해야 하는가'가 아니라 '왜 서울 아파트 가격이 올랐는가'에 모든 것이 맞춰졌다. 그러므로 실제 '그림'이 위기를 맞게 되었을 때 누구도 정책의 대의명분을 함정에서 구출하려 하지 않았던 것이다.

아무도 정책의 청사진을 설명하고 방어하려 하지 않는 상황에서 '김수현 모델'은 기존의 해법인 '공급 만능론'에 자리를 내주었다. 부동산 가격은 수요와 공급이라는 시장원리로만 설명할 수 없고, 과거 정권의 대규모 공급이 집값 안정에 기여했다는 주장도 시비를 가려봐야 한다는 지적은 더 이상 설 데가 없었다. 민간 임대시장의 공공성 강화라는 청사진의 일부로 추진되었어야 할 세입자 보호 대책은 '개혁'이라는 레토릭을 잃지 않기 위한 수단으로만 추진되어 불필요한 논란에 휩싸였다. 대표적 공급 대책인 3기 신도시 추가 지정은 'LH 사태'라는 폭탄의 도화선이 되어 '파국'의 클라이막스를 장식했다.

애초에 '개혁 정권' 사람들에게 '김수현 모델'은 무엇이었나? 바람직한 형태의 주택시장을 조성할 방법을 고민한 결과로 '김수현 모델'을 채택한 것이라기보다는 '빚 내서 집 사라'는 말로 요약 가능한, 세금은 낮춰주고 대출 규제 완화를 통해 전국민을 자산시장이라는 경쟁에 뛰어들도록 유도하는 보수 정권의 부동산 정책을 '반대'하기 위한 구실에 지나지 않았던 것이 아닌가?

실제로, 정권 주요 인사와 지지자들 가운데 그 누구도 '김수현 모델'에 중요한 의미를 부여하지 않았기 때문에 결국 달라진 것은 없었다. 문재인 정권이 실제로 공언한 부동산 정책은 앞서 언급했듯이 오직 '투기 세력'에 모든 정치적·경제적 부담을 지우면서 나머지 '실수요자'들에 대해서는 자산시장 진입을 쉽게 하고 세금 부담과 손해를 경감해 주겠다는 약속으로 요약할 수 있다. 그래서 '빚 내서 집 사라'는 과거 정권의 정책 모델과 같은 결론으로 이어졌다. 문재인 정권의 부동산 정책이 마치 과거 정권과의 '선긋기'와 '차별화'인 것처럼 보였을지 모르지만 결국은 같은 것을 추구한 것에 지나지 않은 결과가 되어버린 것이다.

이러한 상황의 본질은 '코로나19'라는 팬데믹 상황에서도 적나라하게 드러났다. 팬데믹 초기에 한국은 'K방역'이라는 방역 정책의 패러다임으로 세계적 주목을 받았다. 국가가 국민의 개인정보를 광범위하게 수집하고 코로나19 확진자의 접촉자를 조기에 구분해 격리하고 확산을 차단하는 모델은 해외에서 주목받았다. 서구의 언론은 통치 권력에 순응적인 '동아시아적 사회 전통'을 거론하며 한국을 타자화하는 방식으로 분석할 정도였다.

'K방역'에 대한 여러 비판이 있지만, 어느 정도 팬데믹 초기 대응을 잘했다는 점은 칭찬해 줄 만한 대목이다. 그런데 이러한 상황의 본질을 통치 권력이 어떻게 판단하고 있었는지를 재구성해 볼 필요는 있다. 현실 정치는 'K방역'을 말할 때마다 국민의 희생과 협조를 치하했지만 내심 중요하게 본 것은 'K방역'이 진단키트나 비대면 기술 활용 등을 통해 '돈이 된다'는 점이었다. 후에 가서는 다소 성급한 판단이었던 것으로 드러났지만, 어쨌든 선진국들의 백신 개발에 상당한 시일이 걸릴 것으로 예상되면서 국산 진단키트의 해외시장 진출은 새로운 성장 동력의 발굴처럼 다루어졌다. 일부 기업의 성과에 기댄 치료제 개발 드라이브도 마찬가지였다.

국정 운영의 중심은 코로나19가 비대면 사회로의 전환을 앞당길 것이므로 이에 대응하기 위해서는 제4차 산업혁명을 앞당기고, 바이오산업 등 새로운 성장 동력을 발굴하며 '그린뉴딜' 등을 추진해 새로운 시장을 개척해야 한다는 시각에 맞춰졌다. 전염병으로부터의 위협이 인류 생활의 구조를 바꿀 것이라는 '코로나19 담론'은 그저 지적 유희로 소비되었다.

팬데믹으로 인한 경제적 기회가 '장밋빛 미래'로 다루어지는 동안 공공의료 강화와 같은 구조적 대안을 만드는 과제는 미루어졌다. 코로나19는 이전에도 취약했던 부분에서 더 큰 피해를 일으켰다. 의료진은 희생을 강요당했고, 코로나19로 인한 경제 위축 등을 핑계로 노동권 침해가 광범위하게 일어났다. 이러한 문제에 대해 정부는 사실상 손을 놓았다. 코로나19로 인한 팬데믹은 '돈이 되는' 이야기를 할 때는 세상의 영속적 변화를 추동하는 사건처럼 다루어졌지만, 약자의 피해를 최소화하는 방법을 이야기할 때는 조금만 버티면 일상으로의 복귀가 가능한 일시적 사건으로 취급되었다. 정부의 재난지원금 지급을 위한 예산 편성에는 언제나 '일회적'인 것이라는 단서가 붙었다. 코로나19를 핑계로 이전까지 레토릭으로나마 남아 있던 분배 강화 구호는 사라졌다. 본래 대안 사회를 향한 이행 수단으로서 모색되었던 기본소득은, 이른바 기존의 복지제도를 현금 지급으로 대체한다는 '우파적 기본소득'의 개념보다도 못한 수준으로 전락했다. 애초의 기본소득 개념은 사라지고 '재난지원금을 전 국민에게 줄 필요가 있다'라는 정도의 담론으로 축소 대체된 것이다. 반면 주식시장 투자는 장려되었고, 분배 정책의 재원이 될 세금 징수는 소극적으로 추진되었다.

코로나19를 핑계로 한 이러한 전반적 후퇴는 문재인 정권이 내세운 개혁 담론의 한계를 그대로 보여준다. 소득 주도 성장과 분배 강화, 자산시장의 안정 등은 어디까지나 국가가 '정상적 상태'일 때만 거론할 수 있는 '정책적 액세서리'였던 것이다. 오히려 사회 안전망 강화와 분배 구조 개선이 어느 때보다도 절실한 시기에 문재인 정권은 그동안 자신들이 적대하는 듯한(적폐 청산의 대상이었던) 기성의 주류와 같은 모습으로 되돌아갔다.

정권의 태도가 이렇게 바뀌면 사람들은 정치적 성향에 따라 일반적으로 크게 두 가지 해석을 내놓는다. 첫째는 처음부터 자신들이 약속했던 정책을 취할 마음은 없었다는 것, 즉 국민들을 속였다는 것이다. 둘째는 기득권의 저항이 너무나 거셌고 정권이 이를 이겨내지 못했다는 것이다. 하지만 양자의 해석 모두 결국 '의지'가 핵심이라는 점에서 주관주의의 함정에 빠질 수 있다. 실체적 진실은 정권이 약속을 지키고 태도를 바꾸지 않았더라도 결과는 마찬가지라는 것에 가깝지 않을까 한다.

'반기득권적 반대'에 익숙한 만년 야당이 정권을 잡은 상황을 가정해 보자. 광야에 있을 때야 기득권의 정책을 반대하기 위한 여러 담론을 선택적으로 제시할 수 있었겠지만, 통치 구조의 한복판에 들어서면 밖에서 생각하던 것과는 여러모로 다를 수밖에 없다. 관료와 각 분야 전문가들이 제시하는 각종 지표는 위기 속에서도 다른 국가에 비해 한국 경제가 상당히 선방하고 있고,

이를 가능케 한 것은 기성의 전략 덕분이었음을 가리킨다. 소득 및 자산 격차 역시 통치 권력 밖에서 주장하던 것에 비하면 그리 크지 않고 부동산 가격도 비슷한 규모의 다른 국가에 비하면 상대적으로 안정되어 있다. 이런 지표들 자체와 이에 대한 해석을 신뢰할 수 있는지, 의문을 가질 수도 있다. 그러나 통치 구조 내로 이미 들어온 상황에서 다른 무엇을 믿을 수 있겠는가?

그럼에도 사람들은 힘들다고 아우성이다. 그렇다면 일부 경제 관료나 전문가들이 주장하는 것처럼 갈등 해소에 지속적으로 실패하고 있는 한국 정치가 문제인가? 그렇다고 보기에는 다른 나라의 사정도 다 마찬가지인 것 같다. 즉, 통치 구조 안에서 보면 세상은 힘들 만해서 힘든 것이다. 그러니 하던 대로 열심히 잘해 보자는 결론에 도달한다. 그러나 그 결과는 누구나 알듯 고통의 연장일 뿐이다.

이미 두 차례 집권해 본 '민주 세력'에게 이런 경우는 처음이 아니다. 세 번째 집권할 때는 과거와 같은 함정에 빠지지 않겠노라 이를 악물기도 했을 것이다. 그러나 밖에서 '반대'할 때 주장했던 대안적 정책을 관철하기 위한 수단 자체가 통치 시스템 내에는 사실상 없다. '막다른 골목'이다. 부동산 등 정책적 혼란 역시 이런 상황의 반영이다. 즉, 정치적 차원 또는 단기적 경제 효과라는 차원에서는 어떨지 몰라도 체제적 차원에서는 주류 경제정책과 소득 주도 성장의 대립 구도 자체가 허상에 가까웠던 것이다.

그럼에도 개혁을 다루는 이 정권의 태도가 정치적 차원에서 진보와 보수의 대결 구도로만 소비되는 이유는 무엇일까? 앞서 설명했듯이 진보와 보수라는 구도 자체가 상대에 대한 반대와 이를 근거로 한 동원 전략에 기대고 있다는 것이 핵심이다. 개혁 세력의 '반기득권 캠페인'을 통해 조직된 지지자의 입장에 서 보면, 기득권 세력의 저항이 문재인 정권을 집어삼킬 것처럼 보인다. 좀처럼 정치적 성과가 나지 않는 이유도 여기에 있다. 반면 반공·반중·반586 등의 '반-반기득권 캠페인'의 입장에 서 보면, 문재인 정권의 실패 배경은 불순한 이념적 확신범들이 의도한 결과처럼 보인다. 오늘날의 극단적 대결 구도는 그렇기에 당연한 것이다.

그렇다고 정권의 정치적 성격을 논하기 위해 두 입장 중 하나를 고를 필요는 없다. 이는 사실 부질없는 짓이다. 둘 다 틀렸기 때문에 '제3의 선택'을 해야 한다는 것이 아니다. 구체적 대안을 모색하는 일은 게을리한 채로 이쪽도 저쪽도 대안이 아니라는 '반대의 논리'만으로 '제3의 선택'을 구성하는 것도 문제다. 여기서 우리가 간파해야 할 현실은 문재인 정권의 성격을 거짓말쟁이 혹은 무능력자라는 양자 중 하나로 규정할 수 있고, 둘 중 하나를 선택할 경우 다른 하나는 거짓이 된다는 식의 해석이 진실과 멀다는 점이다. 오히려 양자의 평가는 둘 다 거짓이거나 또는 둘 다 참이다.

통치 권력은 하늘에 뜬 별과 같다. 어느 시기, 지구의 어느 지

점에서 보느냐에 따라 별의 배경은 해가 되기도 하고 달이 되기도 하지만, 각각의 관측 결과는 그 자체로 사실이다. 따라서 어디까지나 지구에서 볼 때, 별의 위치를 확정하면 관측자의 위치를 정할 수 없게 되고 관측자의 위치를 확정하면 별의 위치를 정할 수 없게 된다. 그러나 여전히 별은 한자리에 그대로 있다. 통치 권력의 실체도 이와 같지 않을까?

다만 천체물리학에서 별의 위치와 관측자의 위치는 제각기 실체를 갖고 있는 것과 달리 현실 정치는 그렇지 않다. 현실 정치의 '주인'인 대중은 실제로 별에 접근해 바로 눈 앞에서 직접 관측할 수단을 갖고 있지 않다. 따라서 오직 간접적 관측의 결과가 현실 정치의 현재 상태를 규정한다. 그러나 그렇다는 것이 곧 현실 정치의 부재를 증명하는 것은 아니다. 통치와 그것을 뒷받침하는 현실 정치는 언제나 그 자체로서의 내적 동기와 논리에 따라 구성되고 움직여왔다.

따라서 현실 정치를 파악하기 위해 우리는 관측자의 위치까지 고려하여 관측의 결과를 해석해 통치 권력의 실체를 스스로 그려내는 수밖에 없다. 당연하게도 이 '해석'은 실제 통치 권력의 본질과는 일정한 거리가 있을 수밖에 없다. 따라서 해석은 언제나 실패할 운명이다. 그러나 이전 해석의 실패를 딛고 더 나은 해석을 시도해야 '해석'과 '실체'의 거리를 좁힐 수 있다. 또 이러한 시도는 대중과 시민사회의 차원에서 퇴적되어야 한다. 이러한 퇴적을 가로막는 것이 지금까지 논한 '반대의 정치'다.

'반대의 정치'는 일상을 지배한다. 진보에 대한 반대로서 보수를 자칭한 정권이 실패하면 진보로 진자가 쏠리고, 보수에 대한 반대를 내세우며 진보를 자칭한 정권이 실패하면 진자는 다시 반대 방향, 즉 보수로 되돌아온다. 진자 운동은 거듭되지만 축이 움직이는 방향은 그대로다. 세상이 변하지는 않는 것이다. 그렇기에 '현재 진보'의 반대로서 '진짜 진보', '현재 보수'의 반대로서 '진짜 보수'를 요구하는 목소리도 함께 커진다. 그래서 이른바 '대깨문'과 '태극기 부대'가 한쪽 극단을 차지한 채로 중도와 합리를 지향하는 정치와 적대하는 것처럼 보이지만, 실상은 그렇지 않다. 이 모든 것들이 '반대의 정치'라는 하나의 같은 맥락 안에 있다. 우리 정치의 문제를 '극단주의'로 규정하고 '상식과 합리'를 회복할 것을 주문하는 목소리가 많지만, 그것은 '반대의 정치'라는 맥락을 간과한 것이다. 현실 정치에서 '상식과 합리'는 언제든지 '극단주의'로 실체를 바꿀 수 있다는 점에서 이러한 요구는 근본적 해답일 수 없다.

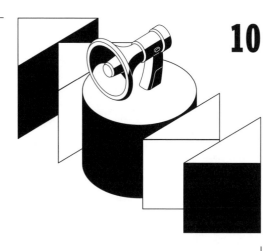

10

체제에 어떻게 도전할 것인가

대안 모델들

진자의 축을 움직일 수 있는 힘, 즉 '대안'은 어디에 있는가? 진자의 축을 움직이는 일은 너무나 어렵고 멀게 느껴지지만 적어도 첫 발자국은 상대에 대한 반대를 통해 자신들을 정당화하는 정치로부터 멀어지는 것이라고 말할 수 있다. 이러한 관계를 기성의 양당으로 규정한다면 대안을 만들어야 할 책임은 어쩌면 '진짜 진보'들에 있을 것이다. 그러나 앞서 살펴보았듯이 한국 정치의 역사에서 진보정당은 '반대'에 편승하는 정치를 넘어서지 못했다. 통치권을 갖지 못한 상태에서 현실 정치의 문법을 거부할 수 없었던 진보정당의 처지를 고려해 보면 당연한 일이다.

진정한 주인이 된다는 것

무엇을 어떻게 할 것인가를 생각하기에 앞서 일상의 사례를 통해 누가, 무엇을, 왜, 어떻게 반대하는가에 초점을 맞추어 예를 들어보자. 예컨대 의료 제도에 대한 불신을 보자. 기성 의료 시스템에 문제가 있다는 생각은 현대를 살아가는 사람이라면 누구나 할 것이다. 공공의대 설립 등에 반발한 의사들의 집단행동은 의료행위에 관한 시스템뿐 아니라 의료인 전반과 그들을 양성하는 제도 자체에 문제가 있는 것 아니냐는 불신을 키웠다. 그런데 의사들에 대한 불만 토로와 반발, 제도 개선의 요구를 넘어 누군가 근본적인 차원에서 대안을 만들고자 한다면 현실에서 가능한 방식은 무엇일까?

극단적으로 본다면 크게 두 가지 방식을 이야기할 수 있다. 첫째는 의료를 국가 제도로 보고 엘리트주의 및 시장주의에 기반한 이윤 추구로부터 근본적으로 분리하는 것이다. 한국 일부 지역을 포함한 세계 각국에서 시도 중인 의료협동조합과 같은 형태가 여기에 해당한다. 둘째는 기성 의료 자체를 폐기 대상으로 보고 이를 반대하는 것에 초점이 맞춰진 행위를 추구하는 것이다. 세간에 '약 안 쓰고 아이 키우기(안아키)' 등으로 잘 알려진 여러 비합리적 치유법을 맹신하는 조직적 활동 등이 여기에 해당한다.

여기서 이런 의문을 제기하는 독자도 있을 것이다. 의료협동조합과 '안아키'를 어떻게 같은 층위에서 다룰 수 있는가? 그렇다. 그럴 수 없다. 그런데 두 가지 해법 모두 기성 제도나 체제에 대한 '반대'로부터 출발한 시도라는 공통점을 갖고 있다. 의료협동조합과 '안아키'는 각각 '대안이 될 수 있는 진보 정치', '극우 포퓰리즘'과 그럴듯한 유비의 관계에 놓일 수 있다. 여기서 우리가 찾고자

하는 것은 기성 의료 체제에 대한 어떤 '반대'가 어떤 경로를 거쳐야 '안아키'라는 함정에 빠지지 않고 의료협동조합이라는 조금 더 진지한 시도로 이어질 수 있겠는가 하는 점이다. 즉, 의료협동조합과 '안아키'를 가른 기준 혹은 계기는 무엇인가?

먼저 주목할 것은 양자가 '대안'을 다루는 방식의 차이다. 예컨대 '안아키'는 기성 의료 자체를 불신한다. 그러나 의료인이나 의료 체계 일부가 잘못되었다고 해서 모든 형태의 의료를 거부할 필연적 이유는 없다. 이 대목에서 발견할 수 있는 것은 '안아키'가 의료 체계에 대한 불신을 의료적 지식에 관한 영역으로까지 확장하고 있다는 것이다. 즉 이것은 어떤 종류의 반지성주의인데 다른 영역에서 작동하는 '반대'가 모두 그렇듯이, 지식을 강자가 약자를 속이고 현혹해서 이용하는 수단으로 규정하는 특징을 가진다. 그러니까 '안아키'의 시각에서 기성 의료 체계의 가장 큰 문제는 의료 소비자를 기득권의 이익을 위해 '속이는' 것에 있는데, 이 문제를 시정하기 위해서는 더 이상 '속지 말 것'을 각자가 결의해야 한다. 이를 위한 구체적인 행동은 현실에서 기성 의료 전반에 대한 '불매운동'을 계획하고 실행에 옮기는 것이다. 즉 '구매하지 않는 것', 그리고 기성 의료에 해당하지 않는 '다른 상품을 찾는 것'이 해법이다. 이것이 '안아키'식 마케팅의 핵심이다.

반면 의료협동조합은 의료 그 자체를 거부하지는 않는다. 의료협동조합에서 의료인의 전문적 지식은 존중된다. 의사는 여전히 환자를 진료하고 약물을 처방한다. 의료협동조합의 문제의식은 진단과 치료를 가능케 하는 의료 지식이 궁극적으로 누구의 소유인지를 재정의하는 것에 닿아 있다. 의료 지식은 기득권의 유지와 시장적 이익을 추구하는 엘리트를 위한 것이 아니라 대다수 시민, 즉 대중의 것이어야 한다. 여기서 '소유'란 대중이 직접 의료 지식을 습득하는 것만을 의미하지 않는다. 의료 지식을 활용한 사회적 활동이 누구에 의해, 또 누구를 위해 통제되느냐가 핵심이다. 그래서 '협동조합'이라는 형식이 중요하다. '협동조합'이라는 형식이 만능열쇠가 아닌데도, 또 각자가 처해 있는 상황이 제각기 다를 수밖에 없음에도 불구하고 '협동조합'이 대안으로 가는 여러 징검다리 중 하나일 수 있는 이유가 여기에 있다.

이제 굳이 의료협동조합과 '안아키'를 예로 든 유비의 쟁점을 현실 정치와 사회구조로 옮겨보자. 보수가 싫어 진보를 지지하다 실망하면 다시 보수를 지지하는 '반대의 정치'로부터 벗어나는 길은 정치의 초점을 소비자가 자기 이익에 맞춰 정치 세력이라는 상품을 선택 구매하는 일이 아니라 사회구조의 소유를 바꾸는 일에 맞추는 것이다. 그러기 위해서는 대중이 실제로 스스로 세상의 주인이 되어 공동체를 경영하기 위한 준비를 해야 한다.

이를테면 "당신 자식이었어도 그렇게 했겠느냐"라는 형식의 반론은 클리셰다. 이러한 형식의 발언에는 많은 사람이 세상만사에 관심이 있는 듯 행동하지만 실제로는 '자기 일'로 여기지 않는다는 직관이 포함되어 있다. 이런 발언은 대형 참사의 희생자나 산재 사망 사고의 유가족들의 발언을 통해서도 그 의미를 재구성해 낼 수 있다. 세월호 참사 이후 다양한 '피해자'의 유가족들은 "이렇게 되기 전에는 나도 세월호 참사 희생자 유가족들을 이해하지 못했다"라고 말한다. 세상의 일이라는 것도 그렇다. 세상사가 '자기 일'이라면 대안을 찾기 위한 진지한 노력을 함께 할 수밖에 없다.

그렇다면 앞으로의 대안적 사회에 대한 '완벽한' 전망이 없는 상황에서 실천은 근본적으로 불가능한 것인가? 정치적 행위란 우리 사회에 대한 완벽한 해답을 가진 이만이 할 수 있는 것인가? 우리는 처음부터 모든 문제를 해결할 수 있는 해법을 갖고 있어야만 하는 것인가? 그렇지 않다. 오히려 지금까지 살펴본 여러 사례는 당장은 완벽한 해답처럼 보였던 것도 실제 현실에 적용하면 최악이 될 수 있다는 사실을 가리키고 있다. 그런 의미에서 우리에게 실패는 숙명이다. 중요한 것은 우리 정치가 그 실패를 통해 좀 더 진전된 해법을 찾는 방향으로 나아갈 수 있느냐 하는 것이다. 실패는 성공의 어머니라는 말도 있는데, 과연 그렇게 되고 있는가? 다시 말하자면, 실패와 이에 대한 평가는 생산적 방식으로 퇴적되고 있는가? 그렇지 않다는 것이 문제다.

대부분의 사람들이 사회적 문제를 처음 인식하게 되는 순간은 대개 자신의 이해관계와 연관된 것일 수밖에 없다. 당연하다고 생각했던 것들이 불현듯 본인에게 피해를 주는 부조리였음을 깨달은 후 사회를 바꾸기 위한 활동에 나서게 되었다는 서사는 흔하다. 문제는 본인의 피해를 구제하기 위한 사회적 활동이 필연적으로 다른 이의 이익을 해할 가능성이 생기는 딜레마적 순간이 온다는 것이다.

최근까지 한국 사회를 뜨겁게 달군 주제 중 하나는 여성의 사회적 지위와 밀접한 것들이었다. 인류의 절반인 여성은 실제로 체제로부터 차별의 피해자이므로 문제의식을 즉자적으로 이해할 수 있었고, 여성주의의 새로운 흐름도 가능했다. 그런데 '인류의 절반인 여성'이라는 정체성은 단일한 이해관계로만 조직될 수 없다. 예컨대 같은 여성이라도 고소득 전문직 여성과 중년 청소노동자 여성의 현실은 다를 수 있다. 이성애자냐 아니냐, 즉 성적 지향에 따른 차이도 무시할 수 없는 요인이다. 최근에는 생물학적 성별을 전환한 트랜스젠더를 여성주의 운동이 어떤 태도로 받아들일 것인가를 둘러싸고 논란이 벌어지기도 했다. 이렇게 여성 내의 이해관계가 서로 충돌할 때 어떤 해법을 동원하느냐에 따라 여성주의가 대안이 될 수 있느냐 없느냐가 갈렸다.

여성 내의 교차하는 정체성을 이해관계에 따라 '지지'하거나 '불매'할 어떤 상품성으로 본다면 '안아키'의 함정에 빠지는 것이다. '인류의 절반' 상당수를 '거짓—여성'으로 규정하고 여성주의의 성과를 '이익'으로 간주해 '진짜—여성'들만 이 혜택을 가져야만

한다고 말하는 것은 '여성주의'라는 상품에 대한 지분 소유를 주장하는 것에 가깝다. 이것은 마치 '안아키'가 기성의 의료 체계를 '불매'하고 자신들이 만든 상품만을 소비해야 한다고 말하는 것과 유사하다. 이 논리는 '반페미니즘' 정서의 소유자들이 '진짜-여성'의 자리에 '실제로 차별을 경험한 어머니 세대'를 놓고 '거짓-여성'의 자리에 '무능한 페미니스트'를 놓는 방식과 정확히 '거울쌍'을 이루고 있다는 점에서 대안이 될 수 없다.

어쨌든, 사회운동이 목표로 하는 것은 특정 집단에 구체적 이익을 안겨주는 것 그 자체가 될 수 없다. 어떤 여성의 이익을 추구하는 것이 다른 정체성을 가진 여성의 이익을 침해하게 된다면, 이것은 공동체가 '현안'으로 다뤄야 한다. 이 '현안'을 해결하는 과정에서 지금껏 배제되어 있던 사람들이 사회의 주인이 되게끔 만드는 것이 사회운동의 역할이다. 사회운동은 자신의 지분에 비례한 배당을 주장하는 것을 넘어 체제적 차원에서 문제를 해결할 방안을 마련하는 데 힘써야 한다. 가령 과거의 시도가 실패했다면, 그러한 시도를 한 사람들을 배제하거나 거부할 것이 아니라 실패의 이유를 따져 같은 일을 되풀이하지 않을 방법을 찾아야 한다.

여성주의를 포함해 한국의 진보적 사회운동은 이런 성과를 만드는 데 지속적으로 실패해 왔다. 사회운동의 일부 당사자들은 종종 자신들을 어떤 운동을 시작한 '최초의 존재'로 지칭한다.

2015년 '강남역 살인 사건' 이후 인터넷 일부에서 자생적으로 고개를 든 여성운동이 그랬고, 청년 노동자나 미조직 비정규직 사업장을 근거로 구세대와 구별되는 별개의 시도를 내세운 노동운동에도 유사한 흐름이 있었다. 이전 시기 사회운동의 시도는 한계에 부딪혀 실패했거나 성과를 내지 못했다는 이유로 계승의 대상이 되지 않는다. 실패의 원인은 대개 기성세대의 노동운동가들, 즉 '기득권화된 운동의 주체'에 있다. 그래서 사회운동의 새로운 주체들은 종종 과거의 실패를 토대로 한 '업데이트'가 아니라 청산을 목표로 한 '리셋'을 시도한다. 그러나 냉정하게 말하면 새롭게 시작하는 그 운동이 어쩔 수 없이 앞으로 겪게 될 실패의 상당 부분은 과거의 '기득권화'된 운동이 마찬가지로 겪었던 것이다.

같은 실패를 거듭 되풀이하는 함정에 빠지지 않으려면 앞서 거론한 해법이 사회운동의 영역에서도 마찬가지로 필요하다. 사회운동의 성과가 축적되고 실패의 사례가 퇴적되기 위해 필요한 것은 그것을 가능케 하는 '공간'이다. 이것은 종종 '공론장', '시민사회' 등으로 불리는데, 이름을 어떻게 붙이든 중요한 것은 우리에게 필요한 것이 단지 어떤 담론을 사고파는 시장은 아니라는 점이다. 이 '공간'에는 다수의 시민이 개입하고 통제하면서 이를 '통치'의 영역에까지 반영할 수 있도록 대안을 모색하고 제출하며 이의 성공과 실패를 평가할 수 있는 장치들이 필요하다.

참여민주주의는 왜 실패했는가

브라질의 지방도시 포르투알레그리의 주민참여예산제는 그러한 가능성을 보여준 사례다. 독재 정권이 무너진 이후인 1988년 노동자당Partido dos Trabalhadores, PT이 지방정부를 장악하면서 도입한 이 제도는 독재 정권 시대를 거치며 기득권의 '배분' 대상으로 전락한 시 예산의 한계를 새로운 지방정부가 주민들에게 설명하려고 시도한 것에서 시작되었다. 포르투알레그리에는 독재 정권에 저항하는 도시운동이 주민연합체를 기반으로 발달해 있다. 이들은 독재 정권의 재야인사를 보호하는 역할을 맡고 부정부패의 척결과 의사 결정의 개방을 요구해 왔다. 이런 활동에 이미 참여하고 있던 풀뿌리 조직들은 좁은 지역주의적 이해관계에 갇히지 않고 시야를 넓힐 필요성을 절감하고 있었다. 포르투알레그리에서 새롭게 집권한 노동자당은 자신들의 지지 기반인 시민들에게 지방 예산의 신규 투자 대상을 결정하는 절차에 참여할 것을 요청했다. 이러한 주민참여예산제의 원리는 이미 그것을 요구해 온 시민운동은 물론 이미 브라질노총Central Unica Dos Trabalhadores, CUT 소속의 노동조합 활동에 참여한 경험을 가진 제조업 노동자들에게도 익숙했다.

포르투알레그리의 주민참여예산제는 이렇게 운영되었다. 매년 총회를 열어 지역 파견 집행부와 대의원을 선출하고 다음 해 추진 사업의 우선순위를 결정한다. 총회는 마치 축제처럼 치러

지며 사실상 누구나 자유롭게 조직을 구성해 등록할 수 있도록 한다. 지방정부는 총회의 결정에 필요한 정보, 예컨대 지난해 사업 추진의 결과와 같은 내용을 제공한다. 총회에서 선출된 파견 자와 대의원은 1년 내내 지역의 여러 단체 및 그룹을 접촉해 이들이 겪고 있는 문제를 발굴하고 그 해결책을 다음 해 사업에 어떻게 적용할지를 검토하며 기존 사업의 진행과 성과를 점검한다. 그 후 이들은 포럼을 열어 각각의 문제 해결을 위한 우선순위를 정한다. 인구 규모나 보건소당 주민 수, 학교당 학생 수, 도로포장 비율 등 객관적 수치에 관한 의제와 지역공동체 현안 등 주관적 의제 등을 놓고 가중치를 따져 순위를 매기는 것이다.

그 밖에 총회에서 선출된 파견자와 대의원들은 참여예산평의회COP를 통해서도 일상적으로 접촉하는데, 이 기구에서는 앞서 논의의 결과를 포함한 지역 사회의 요구와 지방정부가 제출한 투자 계획에 따라 우선순위를 결정하고 총괄 예산안을 만든다. 평의회에 참석하는 파견자들은 무보수로 일한다. 평의회 참석 자체가 '통치'를 학습하는 기회이기 때문인데, 형평성을 기하기 위해 2년 단임제가 적용된다. 지방정부가 겪는 '통치'의 현실적 어려움도 구성원들에 공유되어야 한다. 지방정부는 예산계획위GAPLAN를 구성해 소속 공무원을 참여예산평의회에 파견하여 자신들의 입장을 설명하고 의견을 수렴한다.

주민참여예산제가 맞닥뜨릴 수 있는 또 하나의 벽은 각 지역의 이해관계가 충돌할 수 있다는 것이다. 이 문제를 해결하기 위한 기구로 지역공동체관계조정위원회CRC가 존재한다. 이 기구는 지역별 1명씩 16명에다가 여성, 청년, 흑인, 노인에서 1명씩 총 20명의 조정위원들로 구성되었다. 지역공동체관계조정위는 앞서 총회에서 선출된 파견자들이 경험한 지역의 다양한 문제를 총체적으로 바라보는 역할을 담당했다. 이 역할의 특성을 고려해 조정위원들은 자신이 속한 지역적 이해를 대변하지 않도록 요구받는다.

포르투알레그리의 주민참여예산제는 구체적 규칙에 따라 운영되지만, 이러한 기준들은 늘 그렇듯 완벽하지 않을 수 있다. 따라서 매년 개선되고 현실에 적용되어 결과로 평가되며, 그 결과를 거쳐 다시 개선된다. 그 결과물이 〈참여 예산 절차〉라는 이름의 소책자로 출판되어 총회에 참석하는 사람 전원에게 배부된다. 영국의 좌파 사회학자인 힐러리 웨인라이트Hilary Wainwright는 포르투알레그리의 참여예산제를 "자기재생산과 자기규제의 과정이며, 학습하고 감시하고 개선하는 공식화된 메커니즘"이라고 평가했다.*

주민참여예산제 시행 초기에는 시민이 지방정부 통치에 참여하면서 동시에 책임을 지는 시스템의 구현이 실제로 이루어지는 것처럼 보였다. 하지만 여전히 해결해야 할 난제들이 있었다. 예컨대 예산에 대해서만 주민 참여를 보장하는 것은 근본적으로 불

---

* 힐러리 웨인라이트, 김현우 옮김, 《국가를 되찾자》, 이매진, 2014.

충분한 조치였다. 전체 도시계획은 여전히 관료와 기성 지역 정치의 손에 맡겨져 있었으므로 둘 사이에 사각지대가 되어버리는 사업도 존재할 수밖에 없었다. 이 간극은 참여예산제와 지방 행정의 결합에서 비효율을 초래하는 원인이 되거나 오히려 참여민주주의가 이해 충돌과 부정부패의 원인이 될 가능성을 시사했는데, 이를 해결하기 위해서는 제도적으로 후퇴할 것이 아니라 도시계획 전체를 참여민주주의의 대상으로 확장할 수 있어야 했다.

문제가 여기서 그치는 것이었다면, 또 앞서 논의를 통해 이를 해결할 시간이 충분히 주어졌다면, 주민참여예산제는 실제로 통치권을 시민이 갖게 되는 상황으로까지 나아갈 수도 있었을 것이다. 하지만 루이스 이나시우 룰라 다 시우바Luiz Inácio Lula da Silva 대통령의 탄생과 노동자당의 집권 이후 주민참여예산제가 마주한 문제는 차원이 다른 것이었다. 주민참여예산제는 사실상 실패로 귀결되었다.

포르투알레그리에서 주민참여예산제의 성공은 지방정부와 당의 이원화를 초래했다. 노동자당은 당적 차원에서 지방정부의 통치를 뒷받침하는 '여당'의 역할을 하려 했지만, 그마저도 당의 노선을 둘러싼 내분으로 원활하지 못했다. 이런 상황에서 주민참여예산제를 성실히 운영하는 것과 시민을 노동자당으로 조직하는 것은 차원이 다른 문제가 되었다. 역으로 말하자면 이 문제를 해결하기 위해서는 노동자당 자체가 주민참여예산제와 같은 참여민주주의의 구성 요소로 스스로 변화해야 했다. 이를 통해 지역에서 벌어지는 갈등의 현장에 당이 개입해 문제 해결을 위한 노력을 주민참여예산제를 비롯한 참여민주주의의 틀 내에서 시도할 필요가 있었던 것이다. 즉, 노동자당은 사회운동적 대중정당으로서 자기혁신을 더 충실히 해야 했다.

물론 노동자당이 이러한 노력의 필요성을 경시하기만 한 것은 아니다. 여러 논란에도 불구하고 노동자당의 강령은 착취, 지배, 억압, 불평등, 불의, 빈곤 등의 타파를 위한 민주적 사회주의 실천 의지를 분명히 하고 있다. 당의 하부 조직은 이러한 강령 정신의 구현에 충실하려고 노력했다. 그러나 룰라의 집권은 당의 참여민주적 경향을 강화하는 것이 아니라 오히려 통치-자율성 확보를 명분으로 한 중앙집권주의의 강화라는 결과를 가져왔다.

룰라는 빈농의 자식으로 태어난 금속노동자 출신으로 1975년 브라질 금속노조 위원장에 당선되었고, 1979년에는 사실상 창업주로서 노동자당 창당에 기여했다. 룰라는 1989년, 1994년, 1998년 대통령 선거에 연거푸 출마했지만 우파 후보에게 거듭 패배했다. 2002년 선거에 재출마한 룰라는 '노동운동가'의 티를 벗기 위한 이미지 변신을 모색했는데 이는 주류 정치 컨설턴트의 조언에 따라 미디어 친화적 전략을 모색한 결과였다. 노동자당 지도부는 1990년대 중후반 제조업 쇠퇴가 전투적 노동조합주의의 약화와 경제적 실용주의의 부상으로 이어지는 흐름에 직면한 상황에서 선거만능론과 '제3의 길' 노선으로 기울어진 상태였다. 이들은 당의 상징인 룰라의 성공을 위해 중앙 집행부의 자율성 인정과 더 큰 권한 행사를 요구했고 이를 관철했다. 기득권 네트워크에 접근하기 위한 비자금이 조성되었고 이는 실제로 미디어와의 관계 개선에 투입되었다. 이 체제를 유지하는 과정에서 당 주류는 비자금을 운영하는 비공식 조직 체계에 의존했으며, 이에 따라 당내 민주주의는 후퇴하고 당 조직은 부패했다.

힐러리 웨인라이트는 《국가를 되찾자Reclaim the State: Experiments Popular Democracy》에서 이 같은 과정을 "국가 안에서within 선거 승리를 위해 벌이는 투쟁"과 "국가에 대한over 통제를 달성하기 위해 민주적 권력을 건설하는 과제" 사이의 문제로 보았다. 참여민주주의를 내세운 세력인 노동자당이 집권했음에도 불구하고 참여민주주의 그 자체는 '선거 승리', 즉 '통치'를 위해 대상화되고 소외되는 아이러니한 과정을 겪게 되었다는 것이다. 룰라의 제2차 집권기에 주민참여예산제는 지방정부의 외면 속에 거의 껍데기만 남게 되었다. 참여민주주의가 파편화되면서 참여자들은 국가에 대한 공적 통제보다는 자신들의 민원을 해결하는 수단으로 제도를 활용하는 데 초점을 맞췄다. 브라질의 고질적 부정부패의 토양인 후견주의의 구조 안에서 이 현상은 '참여'가 자원의 '배분'으로 대체되는 현상을 낳았다.

이 때문에 노동자당 정권은 세르지우 모루Sérgio Moro 판사가 주도한 '자바 라투' 작전에 초토화되었다. 룰라의 후계자 지우마 호세프Dilma Rousseff는 선거 직전 정부의 재정 적자를 은폐하기 위해 국가 회계를 조작했다는 사유로 탄핵당하고 정권을 잃었다. 호세프 탄핵의 정당성이나 배경에 대해선 아직도 여러 해석이 분분하지만 분명한 사실은 노동자당이 정권을 유지하기 위해 동원한 수단이 참여민주주의 구현과 아래로부터의 압력이 아니라 '자원의 배분'을 둘러싼 협상, 즉 야당들과의 거래와 야합이었다는 것이다.

왜 이렇게 되었을까? 여기서 따져볼 것은 노동자당 주류의 타락과 부패, 후견주의적 접근을 통한 정치 거래와 같은 행태의 원인이 무엇이냐 하는 점이다. '의지'의 문제일까? 가령 룰라의 주변이 선거 기술자가 아니라 참여민주주의의 구현에 신실한 믿음을 가진 운동가들로 채워졌다면, 혹은 룰라가 양복이 아닌 티셔츠 착용을 고수한 채 턱수염 면도를 거부했더라면 상황이 달라질 수 있었을까?

통치와 참여의 긴장을 단순화해서 보자면 이런 구도로 정리할 수 있다. 통치 구조의 바깥에 있을 때는 통치를 상대로 모든 것을 얼마든지 요구할 수 있다. '참여'는 이 요구에 정당성을 제공하는 가장 강력한 명분이다. 하지만 통치 구조 안으로 들어가게 되면 '참여'는 통치자를 상대로 제기되는 여러 압력 중 하나에 불과하다. 통치자는 '참여'를 요구하는 대중 외에도 신경 써야 할 것이 많다. 국제사회 및 글로벌 금융자본의 압력, 이들과 손잡은 국내

자본의 힘겨루기 시도, 선거 승리를 위한 경제지표 관리와 지역 예산 배분을 요구하는 여당 등등. 통치 세력이 이러한 상충적인 요구를 조정하는 데 성공하고 원하는 방향으로 상황을 이끌어가려면 이 모든 요구로부터의 자율성 확보가 필요하다. 이때 대중의 '참여' 요구는 통치 세력의 공간을 늘리기 위해 가장 먼저 희생된다. '의지'뿐 아니라 '구조'도 문제인 것이다.

힐러리 웨인라이트는 《국가를 되찾자》에서 브라질의 주민참여 예산제를 비롯해 유럽 곳곳의 유사한 대중적 참여민주주의의 시도를 분석했는데 참여자들은 대부분 유사한 과정과 결말을 경험했다. 처음에 참여민주주의는 제대로 작동하는 듯 보였지만 얼마 지나지 않아 각자의 이해관계 조정의 틀 정도로 격하되었고, 결국 내용은 유실된 채 '제도'라는 껍데기 그 자체를 유지하기 위해 작동하게 되었다는 것이다. 참여자들의 의식 변화와 이를 만들어내야 할 정치권력의 목적의식적 개입, 지방정부와 중앙정부의 참여민주주의적 제도에 대한 우선적 정치 자원 할당 등이 필요했을 테지만 제각각의 이유로 이루어지지 않았다.

한국도 비슷한 경험을 이미 했다. 예컨대 박원순 시장 시기의 서울은 마을공동체 지원 사업 등을 통해 나름의 참여민주주의 구현을 위한 인프라를 갖추려고 노력했다. 이 사업의 틀에 맞는 다양한 지역 조직 및 사업은 재정적 지원의 대상이 되었고 일정 정도의 성과를 냈지만, 이렇게 만들어진 공동체들이 시정과 유기적인 관계를 맺는 데는 실패했다. 이렇다 보니 공동체 조직들의 제1목표는 스스로 유지하기 위한 재정과 인력을 확보하는 것이 되었다. 시민이 자발적으로 만든 공동체 조직이 참여 정치의 장이 아닌, 또 하나의 정치적 '민간 서비스 센터'로 전락할 위기에 놓인 것이다.

박원순 시장 시기의 서울은 다양한 '시민적 요구'를 시정으로 구현하기 위해 상당한 노력을 기울였다. 박원순 시장이 성폭력의 가해자가 되어 스스로 비극적 선택을 한 이후 일부 시민운동가들은 '박원순 서울'의 시정에 대해 평가를 진행하는 자리를 만들었다.*

각 분야별 평가를 맡은 사람들의 인식은 성과가 미흡하였다는 데 일치했다. '시민적 요구'의 대부분은 이유 있고 정당했지만, 서울시의 관료 체계가 '요구'를 포섭하는 과정을 거치면 전시행정이나 엉뚱한 낭비적 사업으로 귀결되기 일쑤였다는 것이다. 이러한 경향은 박원순 시장이 재선과 삼선을 준비하면서, 또 대권 주자로서 발돋움하면서 더욱 심화했다.

그런데 아이러니한 것은 이 평가회의 결론에는 '그나마 박원순

---

* 정의당 소속인 권수정 서울시의원과 서울시민재정네트워크가 2020년 10월 7일 온라인으로 주최한 '지난 10년의 서울정책을 진단한다: 더 나은 서울을 위한 질문들'을 말한다. 필자는 정치 분야 발제자로 참여했다.

시장이었기에 이 정도라도 가능했다'라는 내용이 포함되었다는 점이다. 박원순 시장은 시민운동의 '대부'로서 누구보다도 시민적 요구의 실체와 이를 시정이 반영해야 할 필요에 공감했던 지도자였다. 그러나 앞서 본 '통치자'의 입장에 서자 그 역시 구조의 한계와 현실의 맥락으로부터 완전히 자유로워질 수 없었다. 이런 점에서 볼 때 박원순이 할 수 없었던 일은 다른 사람도 할 수 없었다. 결국, 참여민주주의가 통치의 맥락에서 빈껍데기가 되는 일은 지도자 개인이 가진 '의지'의 문제일 수도 있겠지만 무엇보다 '구조'의 문제인 것이다.

미래의 민주주의에 대한 상상

이 구조의 문제를 어떻게 해결할 수 있을까? 협동조합이나 마을 공동체 등 지역적 수준의 자족적 실천은 문제 해결을 위한 토양을 조성하는 데 중요하지만, 구조적 한계를 극복하기 위한 대안으로서는 한계가 명확하다. 앞서 보았듯이 주민참여예산제를 비롯한 지자체 수준에서의 '거버넌스' 형성 역시 마찬가지다. 심지어 참여민주주의를 통해 성장한 지도자가 통치권을 손에 쥔다고 해도 구조적 문제의 극복은 이루어지지 않는다.

남는 유일한 방법은 '통치' 그 자체를 재정의하는 것이다. 어떤 유능한 대리자가 사회 각계의 요구와 이해관계를 조정하면서 '통치 철학'을 관철하는 것이 아니라 통치라는 맥락 자체를 참여 대중에게 개방해야 한다는 것이다. 여기에는 전문적 지식이 필요한 재정이나 외교, 국방과 같은 문제 또한 포함되어야 한다. 대중은 참여를 통해 '요구'하는 것을 넘어 한계를 직접 경험하고 판단하며, 이 '요구'의 책임 또한 스스로 져야 한다. '대중이 주인이 되는 세상'이라는 레토릭은 통치가 이런 맥락에서 전면적으로 재정의될 때만 가능하다. 이는 제각기 분절된 지역적 실천을 통해서 구상할 수 있는 일이 아니다. 중앙과 지역이 줄탁동시 해야 한다. 즉, 참여민주주의를 통치 체계로 강제하는 정치 세력이 중앙과 지방 양쪽 모두에 필요하다는 것이다. 이 세력은 참여민주주의가 실질적으로 구현된 이후에도 제도가 애초의 취지에 맞게 작동할 수 있도록 해야 한다. 이는 제도의 수호자로서 자신을 정의하는 데 그치지 않고 정파적 경쟁을 통해서 확대되고 강제되어야한다. 즉, 현실의 진보 정치 그 자체가 실질적 참여민주주의의 구현이 되어야 한다는 것이다.

물론 이런 방식의 통치를 당장 현실에서 구현하더라도 난점은 남는다. 극우 포퓰리즘과 엘리트주의의 동거가 대중적 호응을 얻고 있는 현실에서 대중에게 통치를 맡긴다고 할 때, 이상적 결과는 가능할까? 안타깝게도 실패와 파국이 더 가까울 수 있다. 그러나 여기서 핵심은 모든 것이 성공으로 귀결되는 낙관적 체제를 만드는 것이 아니라, 비관적 실패 속에서 공동체가 무언가를 남기고 집단이 학습할 기회를 어떻게 보장할 것이냐에 있다. 어떤 정파가 집권하느냐보다 이것이 더 중요하다. '어떻게 성공할 것인가'보다는 '어떻게 실패할 것인가'가 관건이다. 오늘의 실패가 내일의 더 나은 실패를 위한 근거가 될 수 있다면, 세상은 조금씩이라도 더 나은 방향으로 전진할 수 있다.

그러면 실패가 성공의 어머니가 된 결과의 최대치, 즉 우리가 종국적으로 지향해야 할 미래는 어떤 모습일까? 상상을 해보자. 지금과 같은 승자독식과 각자도생, 적자생존의 정글과 같은 원리의 시장경제는 확실히 대안이 될 수 없다. 엘리트주의적 대의제와 결합한 시장경제 체제에서 사회 구성원들은 자본 우위의 생산 및 분배 체제의 유지를 위해 경쟁을 강요당하지만, 사회구조에 개입하는 데 있어서는 소비자 또는 주주로서 권한만을 보장받는다. 근대의 대의민주주의 체제에서 정치 세력에 대한 '지지'는 정치 상품의 '구매'나 향후의 수익을 기대한 '투자' 이상의 의미를 갖지 못한다. 이러한 문제를 극복 대상으로 본다면, 대안은 이러한 구조로부터 벗어나 사회의 생산 및 분배 시스템 자체에 구성원이 직접 개입하고 책임지는 방식이 될 수밖에 없다.

칼 폴라니Karl Polanyi의 구상은 이러한 계획의 원형 중 하나로 평가된다. 폴라니는 시장경제를 역사적 일반화를 통해 몰역사적으로 사고하는 자유주의 경제학을 비판적으로 검토한 결과, 시장이 사회를 상품화하는 것이 지배적 논리가 된 것은 인류 전체 역사에서 볼 때 극히 짧은 순간에 불과하다고 보았다. 오히려 이전에는 상호호혜적인 재분배의 원리가 지배적 논리였다. 즉, 시장경제가 사회를 포섭하는 일은 예외적인 것인데, 오늘날 이러한 모순된 개념을 되돌려야 한다. 경제를 사회로부터 분리disembedded하려는 시도를 사회에 다시 착근embeddedness시키는 것으로 돌려놓아야 한다.*

그런데 시장이 대안이 아니라면, 대안적 경제체제는 어떻게 구성원들의 필요를 파악하고 생산과 분배의 계획을 세울 수 있는가? 고전적인 사회주의의 계획경제 모델은 이 계획을 중앙집권적 통치기구에 위임한다. 그런데 폴라니가 보기에 중앙집권적 통치기구가 통계적 수치 등을 참고해 수요를 파악하는 행위는 '외적 조망'에 불과한 것이다. 그러나 구성원들 각 개인에게 무엇이 필요한지는 외부적 관찰이 아닌 '내적 조망'에 의해서만 정확히 파악할 수 있다. 따라서 사회주의 계획경제는 기술의 발달로 실현 가능한 상태가 되었더라도 실패할 수밖에 없는 것이었다.

구성원이 '내적 조망'을 통해 필요나 욕구를 파악하고 이를 시스템에 반영하도록 하려면 어떻게 해야 할까? 일단 구성원들이 그러한 목적을 가진 체계로 조직되어야 한다. 또 조직된 구성원들이 필요와 욕구를 전달하는 방식이 제도화되어야 한다. 즉 어떤 의미로든 체제적 뿌리로서의 공동체가 있어야 하고, 이를 통

---

* 칼 폴라니, 홍기빈 옮김, 《거대한 전환》, 길, 2009.

해 아래로부터의 계획이 가능해야 한다. 여기서 필요나 욕구는 개인의 경험이나 상태에 따라 제각각이고 이를 해소하는 방식 역시 그러할 것이기 때문에 '계획'은 어떤 의미에서 '암묵적 지식tacit knowledge'을 동원하는 것으로 이해할 수 있다. 필요나 욕구뿐 아니라 생산과 기여를 평가하는 것에서도 마찬가지다. 즉 이 구상에서 다양한 공동체 조직은 대중 일반에 분산되어 있는 암묵지를 효과적으로 동원·종합하고 이를 '계획'에 반영하는 체제의 일부인 것이다.

이러한 구상을 좀 더 구체화한 대표적 사례는 미국의 사회운동가인 마이클 앨버트Michael Albert 등이 제안한 '파레콘participatory economics, Parecon' 모델이다. 여기서 마이클 앨버트는 시장경제를 완전히 대체하는 의미로서, 즉 자본주의 이후 대안 체제의 일부로서 참여 경제를 주장한다. 파레콘 체제에서는 기업별로 혹은 기업 내의 기구별로 조직된 노동자평의회, 가족 및 지역을 단위로 구성된 소비자평의회, 그리고 계획촉진위원회라는 세 가지 기구가 경제를 조절한다. 노동자평의회와 소비자평의회는 각각 생산과 소비와 관련된 계획 수립을 아래로부터의 직접민주주의라는 원칙을 통해 진행한다. 각급의 계획촉진위원회는 각 평의회의 계획 수립 과정을 지원하고 촉진하며 매개하는데, 그 결과 1차적으로 수립된 연간 생산계획과 소비계획을 비교해 상호 불일치를 조정하기 위한 지시가격 즉 교환 기준을 제시한다. 그러면 이를 참고

해 각 평의회는 수요가 많은 품목에 대해서는 높은 가치를, 적은 품목에 대해서는 낮은 가치를 부여해 다시 계획서를 만드는 것이다. 균형을 찾을 때까지 이 과정을 반복하면 참여민주주의적 계획경제가 가능하다는 것이 파레콘의 주요 개념이다.

이제까지 없었던 새로운 상품이 끊임없이 등장하고 유튜브 동영상 구독과 같은 행위에서조차 이익이 발생하는 현대 사회에 이같은 비전이 실현 가능할까? 파레콘주의자들은 신용카드를 통한 소비 이력 조회와 같은 정보통신기술의 발달에 따라 소비를 미시적 수준까지 파악할 수 있다면 문제가 되지 않는다고 주장한다. 마이클 앨버트 등이 《파레콘Parecon: Life After Capitalism》을 출간한 것이 2003년임을 고려하면 빅데이터나 머신러닝이라는 개념이 대중화된 오늘날 이들 구상의 실현 가능성은 훨씬 높아졌다고 볼 수 있다. 하지만 그렇더라도 가격 결정 메커니즘 전반을 계획기구가 처음부터 끝까지 통제할 수 있도록 한다는 것은 여전히 상상하기 어렵다.

이런 점에서 영국의 경제학자 팻 디바인Pat Devine 등의 참여계획participatory planning 모델 역시 참고해 볼 만하다. 이 모델 역시 지본주의 이후의 대안 경제를 전제로 한다. 그러나 제한적으로나마 시장이 존재한다는 점에서 파레콘과 차이가 있다. 생산수단을 사회화하는 것을 전제로 최종 소비재의 생산과 유통에 대해서는 시장 교환을 인정하되, 시장 지배에 해당하는 자본재 생산과 신규 투자에 관해서는 다양한 주체의 협상조정기구를 통해 조정을 거쳐 '참여계획'이 담당하도록 한다는 것이 이 구상의 핵심이다. 협상조정 모델은 파레콘보다 다각적이고 복합적인 양상으로 작동하는데, 파레콘처럼 정해진 형식과 틀 내에서만 논의가 진행되는 것이 아니라 생산 단위의 대표, 노동자 및 소비자 대표, 지역 주민 등 협의 주제와 관련된 이해관계자들이 다양한 형태로 협상에 참여할 수 있다.

파레콘의 엄격한 계획기구에 비하면 협상조정 모델은 다소 느슨해 보이는 것이 사실이다. 그렇다고 해도 큰 문제는 아니다. 디바인 등의 협상조정 모델에서는 계획기구의 완전무결함보다는 참여민주주의가 사회 구성원들의 삶 속에 자리 잡는 것이 더 중요하다고 보았기 때문이다. 예를 들어, 협상조정기구 가동 초기에는 비생산적 논쟁과 각자의 이기주의가 파국을 빚어낼 가능성이 있다. 하지만 참여민주주의가 통합적 원리로 작동하는 체제에서는 그러한 파국마저도 사회 구성원 각각이 계획의 실패라는 결과로 책임을 져야 한다. 이런 전제를 놓고 보면 협상이 끝없이 반복되면서 생기는 비효율마저도 이후에는 협상의 대상이 될 수밖에 없고, 여기서 생긴 지식과 경험은 사회 구성원들의 암묵지로 남는다는 것이 이들의 주장이다.

파레콘과 참여계획 모델 사이에는 이 외에도 분업 폐지 및 특권 형성 방지를 위한 대안 등 다양한 차이와 쟁점이 있지만 굳이 여기서 다루지는 않겠다. 지금까지의 논의만으로도 현실적으로 가능한 모델인지 고개를 갸우뚱하는 독자가 있을지 모르겠다. 그러나 앞서도 강조했듯이, 최종 모델을 상상해 보자는 것이다. 현실에서 대안을 만들어가는 과정을 거치다 보면 애초의 그것과는 다른 결과물에 직면할 수도 있다. 그럼에도 애초 목적의 핵심만 잃지 않는다면 '최종 목표'의 형식과 외양은 얼마든지 달라질 수 있다. 이 논의에서 핵심은 결국 사회 구성원 전체가 그 사회의 실질적 주인이 되기 위한 방법을 실천하는 것에 있다.

이 점을 재확인하기 위해 한 가지 쟁점을 더 다루어보자. 협동조합이나 주민참여예산제, 참여계획경제에 이르기까지의 다양한 대안들은 구성원들의 적극적 참여를 초기부터 보장하지 않으면 제대로 작동하기 어려운 측면이 있다. 그러나 당장 하루 먹고살 걱정을 하는 평범한 시민이 참여민주주의의 구현을 위하여, 하루에 몇 시간이나 계속될지 모르는 어떤 기구의 회의에 정기적으로 참여해야 한다고 하면 부담을 느끼지 않을 방도가 있겠는가. 세상이 좋아져 노동시간이 획기적으로 단축된다고 해도 사회의 실질적 주인이 되는 과정에 모든 사람의 적극적 참여를 유도하는 것은 결코 쉬운 일이 아닐 것이다. 앞서 살펴본 현실에서 참여민주주의를 구현하려 했던 다양한 조직들이 결국 '돈과 사람'이라는 장벽에 부딪히게 되었던 것도 이 때문이다. 전체 구성원의 '적극적 참여'를 유도하는 것 자체는 물론 '참여'가 완전한 형태로 이루어지지 않아 생긴 빈틈을 메꾸는 것도 하나의 큰 숙제가 될 수밖에 없다는 것이다.

이런 점에서 기본소득 모델을 참여민주주의에 결합하는 해법을 떠올려볼 수 있다. 오늘날 기본소득은 다수 국민에게 지급하는 소액의 위로금 정도로 인식되고 있으나 본래는 획기적이고 거대한 개념이다. 기본소득론자들은 우파적 기본소득과 좌파적 기본소득을 구분하는데, 우파적 기본소득은 기존의 복지나 사회 서비스를 현금 지급으로 대체하면서 일자리 감소에 대비하고 동시에 소비 진작 등의 부수적 효과를 노려보자는 아이디어를 말한다. 오늘날 현실 정치에서 검토하는 기본소득의 최대치가 여기에 해당한다고 볼 수 있다.

반면 좌파적 기본소득은 기본소득만으로 인간으로서의 존엄을 지킬 만큼의 생활 유지가 가능하고, 종국적으로는 인간을 임노동으로부터 해방하는 대안적 체제를 만들자는 것이다. 이러한 구상의 대표 격으로는 프랑스 학자 앙드레 고르André Gorz를 꼽을 수 있다. 앙드레 고르는 임노동으로부터의 자유를 통해 사람들은 분열이 없는 삶을 찾고 자신의 욕구를 충족하기 위한 활동에 나설 수 있다고 보았다. 예를 들면 이를 통해 누구나 예술가가 될 수 있다는 것인데, 마찬가지 맥락에서 사회적 생산에 참여하는 행위도 지금보다 훨씬 쉬워질 것으로 기대할 수 있다.

그러나 그것은 어디까지나 좀 더 나은 조건을 만들 수 있다는 것에 불과하다. 기본소득을 지급하는 것과 참여민주주의에서의 '적극적 참여' 사이에는 필연적 연결고리가 없기 때문이다. 기본소득을 지급하는 환경에서도 참여민주주의가 일부 참가자들의 손에 의해서만 구현된다면 이는 누군가의 희생으로 이어지거나 아니면 체제에 깊숙이 개입할 수 있는 정보와 지식을 갖춘 일부 사람들이 특권화되는 결과로 이어질 가능성이 여전히 상존한다.

그렇다면 '참여'의 대가로서 일정액을 지급한다면 어떨까? 이렇게 조건부로 소득을 보전하는 방식을 참여소득이라고 한다. 참여소득은 영국 학자 앤서니 앳킨슨Anthony Atkinson이 제안해 널리 알려졌다. 애초에 앳킨슨은 보편적 기본소득을 목표로 해야 하지만 현실적 난관을 넘는 것이 먼저라고 보았다. 그것은 아무것도 기여하지 않은 자들에게도 부를 분배한다는 개념에 대한 대중의 반감을 누그러뜨리는 것이었다. 따라서 보편적 기본소득 지급으로 이행하는 일종의 '파일럿 프로그램'으로서 '사회적으로 가치를 갖는 활동'에 참여하는 것을 조건으로, 각각의 행위에 맞는 액수의 소득을 지급하는 중간 단계를 마련한 것이다.

그런데 이 아이디어를 단지 기본소득에 대한 반감을 누그러뜨리는 수단으로만 볼 것이 아니라 앞서 다룬 파레콘이나 참여계획 모델의 기본 골조와 결합하는 형태로 사고해 보면 어떨까? 예컨대 참여소득의 중요한 전제는 '사회적으로 가치를 갖는 활동'이 무엇인지, 여기에 해당하는 각 활동들의 사회적 기여를 어떻게 측정할 것인지 등을 결정해야 한다는 것이다. 참여소득을 현실 사회주의의 계획경제와 결합한다면 '사회적으로 가치를 갖는 활동'과 관련된 모든 것은 당 지도부와 같은 통치기구가 결정할 것이다. 하지만 참여민주주의에 발을 딛고 있는 체제와 결합한다면 '적극적 참여'를 추동하는 계기가 될 수 있지 않을까?

이렇게 참여소득 지급의 대상과 구체적 액수를 사회 공동체가 함께 정하고 집행하면서 각자의 처지에 맞게 수정해 나가는 과정 자체가 참여민주주의의 구현이다. 이를 통해 참여소득은 돌봄 노동이나 쓰레기 수거, 심지어 버스킹에 이르기까지 사회적 활동의 광범위한 가치를 인정하는 수단이 될 것이다. '사회적으로 가치를 갖는 활동'에는 참여민주주의의 구현을 위해 다양한 기구의 회의에 참여하는 것 또한 포함될 수 있다. 참여민주주의의 '적극적 참여'를 구현하기 위해 필요한 것은 결국 정치적 맥락이지만, 적어도 그것의 생성을 시작하기 위한 수단으로서는 참여소득과 참여계획경제를 결합한 모델을 상상해 볼 만하다.

이러한 상상을 통해 대안적 진보 정치가 현실 정치의 어떤 부분에 반대하면서 그 반대급부의 정치적 이득을 구하는 것에 얽매이지 않고, 대안적 미래를 그 자체로 상상하는 일을 다시 중심에 놓을 수 있다면, 사회구성원 다수가 우리 사회에 대한 실질적 주인의식을 갖게 하는 것을 목표로 하는 정치 행위를 당장 시작할 수 있다고 생각한다.

어떠한 민주주의인가?

한국 정치의 가장 뜨거운 쟁점 중 하나는 '능력주의'인 것 같다. 기성 정치에 대한 실망과 세대론, 진보에 대한 냉소가 능력주의 서사와 결합해 여의도 정치에 '세대교체' 바람을 낳고 있다. 능력이 없는 무자격자들을 정치 일선에서 퇴출하고 그들의 정치 진입을 돕는 할당제 등을 폐지하자는 주장이 대중적 공감을 얻고 있다. 한때의 '이준석 바람'이 이를 잘 보여준다.

이준석은 '안티페미니즘'의 전도사라는데, 그렇다면 전형적인 '백래시' 국면이라고 해야 하지 않을까? 하지만 언론의 표정은 분열되어 있다. 젊은 세대가 공정한 경쟁을 이유로 여성할당제 폐지 등을 요구하는 것에 무작정 부정하기도, 그렇다고 긍정하기도 쉽지 않다는 태도다. 이러한 딜레마적 상황이 오늘날 우리 정치가 처한 위기를 상징하는 것처럼 보이기까지 한다.

이른바 MZ세대가 일으킨 바람은 기성 정치가 그동안 주문한 '보수의 변화'와는 결을 달리한다. 그동안 우리 사회가 필요로 한 보수 정치의 변화는 '중도화'였다고 볼 수 있다. 관용어구로 말하자면 '인간의 얼굴을 한 자본주의'다. 해외의 사례에서 모범답안을 찾자면 영국의 총리를 지낸 데이비드 캐머런David Cameron의 사례를 들 수 있다. 캐머런은 보수당을 바꿀 '젊은 피'로서 일찌감치 두각을 나타냈다. 대처리즘이 만든 폐허의 대안으로 그가 주장한 것은 중도화 노선이었다. 이 전략으로 중도층의 지지를 회복하면 잃었던 정권을 찾아올 수 있으리라 본 것인데, 그것이 실제로 성공했다. 이 과정에서 캐머런은 지역구 선거 출마자의 절반을 여성으로 채우자는 등 기존 보수 정치에서 들을 수 없었던 목소리를 내며 유권자들에게 깊은 인상을 남겼다. 그랬던 그가 브렉시트 국민투표라는 도박에 정치적 운명을 걸어 실패했다는 것은 아이러니라고 해야 할 것이다.

한국 보수 정치 내부에도 나름 중도화를 요구하는 목소리를 높여온 역사가 있다. 경제민주화나 중부담-중복지론 같은 것이 대표적 사례다. 하지만 '이준석 바람'이 요구하는 할당제 폐지, 컴퓨터 활용 능력 등을 소재로 한 공천 자격시험, '공정한 경쟁'에 따른 당직자 선발 등은 중도화라기보다는 극단화, 급진화의 해법에 가깝다. 이는 보수 정치의 퇴행이라고 말할 수밖에 없다. 그럼에도 사람들은 '이준석 바람'을 변화의 신호로 받아들인다. 무슨

일인가?

'이준석 바람'은 능력주의 이데올로기 구현의 요구를 내포하고 있다. 능력주의meritocracy라는 말 자체는 1958년에 영국의 학자 마이클 영Michael Young이 처음 고안했지만 이미 근대의 도래와 함께 잠복되어 있던 개념이라고 볼 수 있다. 능력주의는 '능력'에 따라 '자격'을 부여하는 것이 핵심이다. 반대로 말하면 '능력'이 없는 경우 '자격'은 애초에 주어지지 않거나 박탈된다. 그래서 '능력'은 일정한 기준에 따라 '증명'되어야 한다.

귀족주의aristocracy의 시대에는 자격을 따로 증명할 이유가 없었다. 이미 '핏줄'이 이를 보장하기 때문이다. 물론 귀족주의의 시대에도 통치는 유능한 사람이 하는 것으로 인식되었다. 유능하지 않은 통치자는 종종 규탄의 대상이 되었다. 그럼에도 귀족주의가 유지될 수 있었던 것은 이 시대의 '유능한 사람'이란 결국 '귀족'일 수밖에 없었기 때문이다. 지식과 그것을 소유할 기회 자체가 대중에 있지 않았고 체계적 교육은 귀족에게만 가능했기 때문이다.

시민계급의 성장은 이러한 체제에 도전했다. 상공업을 통해 축적한 부로 힘과 지식을 손에 쥔 시민계급은 귀족이 독점하던 통치 권력을 넘보기 시작했다. 오늘날의 대의민주주의는 주지하다시피 이러한 역사적 상황의 산물이다. 여기서 민주주의는 권력을 빼앗아 기득권 밖에 있는 다수가 나누자는 운동을 정당화하기 위한 도구로 활용되었다. 자유주의, 민주주의와 같은 개념들과 함께 능력주의도 피지배계급에 대한 억압에 저항하며 정당한 몫의 배분을 요구하는, 즉 구체제에 대한 반대라는 차원에서 하나의 맥락을 형성했다.

그러나 앞선 사례들에서 살펴보았듯이, 모든 '기득권 반대'에 국한된 레토릭은 비일관적이라는 특징을 갖고 있다. 예컨대 '무능한 귀족'도 '혈연'만을 근거로 통치 권력을 소유할 수 있는 체제는 부당하니 모든 사람이 가진 능력을 정당하게 평가하고 그에 맞는 권력을 배분하자는 주장은, 모든 사회 구성원의 의사를 통치에 반영해야 한다는 민주주의의 이상과 그럴듯한 한 쌍으로 보인다.

그러나 실제로 능력주의를 통치 원리로 설계한다고 했을 때 부딪히는 난관은 '능력'이 무엇인지를 정의하는 것부터 합의하기가 쉽지 않다는 것이다. 능력은 '증명'되어야 하므로 '시험'이 필요한데, 우리가 직관적으로 알 수 있듯이 출제자의 의도에 따라 한 개인의 능력을 평가하는 시험 결과는 얼마든지 달라질 수 있다. 예를 들어, 수학 시험은 국어에 특기가 있는 사람의 능력을 제대로 측정하지 못할 것이다. 국영수 중심의 시험 과목은 예체능에 특기가 있는 사람의 능력을 평가할 수 없다. 시험 문제를 누가 어떻게 내느냐에 따라 어떤 능력은 우대받고 어떤 능력은 평가절하된다는 것, 그리고 이러한 평가의 결과가 '자격' 부여의 문제로 이어진다는 것은 능력주의를 통해 구현된 세상이 '출제자'의 의도에 따라 '새로운 귀족'의 출현으로 귀결될 가능성을 시사한다. 이 자체가 능력주의 이데올로기와 배치되는 것이기 때문에 능력주의의 세상은 그 기준, 즉 출제자의 자격이나 시험 문제의 적합성을 두고 끝없는 분쟁이 촉발되는 곳일 수밖에 없다.

현실에서 '출제자'는 자본주의다. 뒤집어 말하면 자본주의 시스템 내의 강자들에게 능력주의 경쟁 시스템은 어떤 경우에든 자신들에게 유리하다. 따라서 이들에게 있어서 능력주의는 유지되어야 한다.

예컨대 이러한 시스템에서 전체 구성원의 상위 20%는 '능력'의 기준을 무엇으로 하든 승자의 위치에 설 가능성이 높다. 그러나 하위 20%는 '능력'을 무엇으로 정의하든 기준을 충족시킬 수단이 없어 언제나 패자로 살아갈 수밖에 없는 운명이다. '능력'의 기준을 놓고 아웅다웅하는 것은 나머지 60%들이다. 상위 20%는 자신의 기준 안에서 60%들 간의 경쟁을 부추기고 정치, 사회제도, 미디어를 통해 재구성한다. 오늘날 젊은 세대가 온통 능력주의의 화신처럼 보이게 된 이유가 여기에 있다. 여기서 하위 20%의 삶은 사회적으로 소실되고 '서사'로서 필요할 때만 미디어에 간헐적으로 호출된다.

이러한 사회가 유지 가능한 사회일까? 빈자를 '죽게 내버려 두는' 사회에서 빈곤층의 '실제적 죽음'은 또 다른 상대적 빈곤층의 죽음을 정당화한다. 이것은 지속 가능한 사회가 아니다. 그런데 이러한 지속 가능하지 않은 능력주의는 어떻게 유지되는 것일까? 능력주의는 능력주의 체계 외부에 존재하는 '귀족'을 필요로 한다. '반기득권' 캠페인이 기득권을 전제할 때에만 가능한 것처럼, 능력주의도 어떤 의미에서든 '귀족'을 전제할 때에만 가능하다. 사회문화적 코드로서의 자유주의, 현실 정치의 규범으로서의 대의민주주의, 생산 시스템으로서의 자본주의가 결합된 현실에서 오늘날의 '귀족'은 정치, 경제, 문화 권력을 독점한 어떤 존재로 상정된다. 이것은 다양한 반기득권 캠페인에서 공통적으로 드러나는 바이지만, 특히 문재인 정권에서 이것은 '586세대'로 구체화되었다. 이른바 '조국 사태' 등은 새로운 귀족으로서 '586세대' 권력의 실체를 보여준 사건이었다. 이에 뒤이은 부동산 폭등과 자산시장 투자 열풍은 '586세대의 사다리 걷어차기'라는 기득권 서사가 등장했다. '세대론'이 그 어느 때보다도 강력하게 현실 정치를 뒤덮은 배경은 이것이다.

물론 '기득권'은 존재한다. 그러나 그것이 '586세대'인가는 따져봐야 할 문제다. 586도 586 나름이다. 동시대를 살고 민주화에 나름대로 기여했으나 별다른 훈장도 없이 일상을 살아가는 사람도 부지기수다. 그래서 기득권 서사로서의 '586세대론'은 '젊은 세대'를 내세우는 보수 정치가 상대를 '구세대'로 지목하고 특권층끼리의 정파적 대립 구도를 재생산한 결과에 지나지 않는다.

우리의 정치는 이러한 허망한 논쟁을 계속 답습하고 있다. 상대를 '기득권'으로 규정하고 스스로 '기득권에 의한 피해자'로 자처하면서 대중을 반기득권 캠페인에 동원하는 일을 서로 번갈아 가며 하는 것이다. 개혁, 포퓰리즘, 민주화, 산업화, 능력주의, 586…. 다 마찬가지다. 시대, 공간, 정파를 넘어 이런 식의 논쟁만 계속하는 동안 '진자의 축'은 우리의 의사와 관계가 없는 방향으로 끊임없이 움직여왔다. 그래서 우리 정치가 물어야 할 질문은 '기득권으로부터 어떻게 권력을 빼앗을 것인가'를 넘어서야 한다. 진자가 몇 차례나 좌우로 진동한 지금, 더 이상 축의 방향도 파악하지 못한 채 '진자를 어떻게 하면 지금의 반대쪽으로 밀어낼 수 있을 것인가'란 물음만을 계속 던져선 안 된다.

능력주의가 다수 대중의 능력을 '그대로' 반영하는 체제로 묘사되는 것과 마찬가지로, 민주주의 역시 종종 대중의 의사를 '그대로' 반영하는 기술적 도구로 여겨지곤 한다. 민주주의가 현실을 바꾸지 못하고 기득권 독점을 정당화하는 이유는 제도가 '민의를 그대로' 반영하지 못하기 때문이라는 것이다. 이 말대로라면, '민의를 그대로' 반영한다면 '기득권'의 독점은 깨질 것이다. 그러나 서로가 서로를 '기득권'으로 지목하면서 이 서사를 대중 동원 전략으로 활용하는 현실에서, 민의가 이미 양분되어 있거나 한쪽으로 쏠려 있는데, '민의를 그대로'라는 멸균실—민주주의는 불가능하다. '진자 운동'의 논리에 따라 '민의를 그대로'가 불가능하니 검증된 엘리트주의가 필요하다는 것이 다수의 주장이 된 세상이지만, 그렇다고 해서 우리가 던져야 할 질문이 '누구에게 권력을 위임해야 세상이 좋아질까'가 되는 것은 아니다.

우리가 세상 사람들에 물어야 할 것은 '당신이 통치자가 된다면 어떻게 문제를 해결하겠는가'다. 물론 제대로 된 답을 찾기 위해서는 모두가 통치자에 준하는 정보를 가져야 한다. 이것이 가능할까? 지금은 가능하지 않다. 그렇다면 어떻게 가능하게 할 수 있는가? 다시 질문은 '어떤 민주주의인가'로 수렴된다. 그렇다. 그것이 핵심이다. 이 책이 이 질문에 대한 작은 실마리가 되었기를 바란다.

저쪽이 싫어서

투표하는

민주주의

초판 1쇄 발행 | 2022년 1월 10일
초판 4쇄 발행 | 2022년 5월 16일

지은이 | 김민하

펴낸이 | 한성근
펴낸곳 | 이데아
출판등록 | 2014년 10월 15일 제2015-000133호
주   소 | 서울 마포구 월드컵로28길 6, 3층 (성산동)
전자우편 | idea_book@naver.com
페이스북 | facebook.com/idea.libri
전화번호 | 070-4208-7212
팩   스 | 050-5320-7212

ISBN 979-11-89143-26-8 (03340)